ARRANJOS DE PLANTAS

Título original: *Plant by Numbers*

Publicado originalmente nos Estados Unidos em 2014 pela Cool Springs Press, um selo editorial da Quarto Publishing Group USA Inc., 400 First Avenue North, Suite 400, Minneapolis, MN 55401, Estados Unidos.

Copyright © 2014 Cool Springs Press
Copyright © 2016 Publifolha Editora Ltda.

Todos os direitos reservados. Nenhuma parte desta obra pode ser reproduzida, arquivada ou transmitida de nenhuma forma ou por nenhum meio sem a permissão expressa e por escrito da Publifolha Editora Ltda.

Proibida a comercialização fora do território brasileiro.

Coordenação do projeto: Publifolha
Editora-assistente: Isadora Attab
Coordenadora de produção gráfica: Mariana Metidieri

Produção editorial: Página Viva
Edição: Tácia Soares
Tradução: Rosane Albert
Consultoria: Flávia Mesquita Sampaio Madureira
Revisão: Denise Camargo
Editoração eletrônica: Catharine Rodrigues

Edição original: Cool Springs Press
Editora de aquisição: Billie Brownell
Gerente de arte: Brad Springer
Layout: Diana Boger
Design da capa: Mary Ann Smith

Créditos das fotos: capa: Steve Asbell, p. 12 (esq.): Katie Elzer-Peters, p. 13: Shutterstock, p. 38: Quarto Publishing Group, p. 40 (topo): iStock, p. 40 (abaixo): Lynn Steiner

Dados Internacionais de Catalogação na Publicação (CIP)
(Câmara Brasileira do Livro, SP, Brasil)

Asbell, Steve
  Arranjos de plantas / Steve Asbell ; [tradução Rosane Albert]. – São Paulo : Publifolha, 2016.

  Título original: Plant by numbers.
  ISBN 978-85-68684-40-5

  1. Arranjos de plantas 2. Plantas – Cultivo 3. Plantas de interior I. Título.

15-11540 CDD-635.965

Índices para catálogo sistemático:
1. Plantas para casa : Floricultura 635.965

Este livro segue as regras do Acordo Ortográfico da Língua Portuguesa (1990), em vigor desde 1º de janeiro de 2009.

Impresso na China.

PUBLIFOLHA

Divisão de Publicações do Grupo Folha
Al. Barão de Limeira, 401, 6º andar
CEP 01202-900, São Paulo, SP
Tel.: (11) 3224-2186/2187/2197
www.publifolha.com.br

Steve Asbell

ARRANJOS DE PLANTAS

50 pequenos jardins em vasos para sua casa

PubliFolha

SUMÁRIO

INTRODUÇÃO... 8

    O ambiente.. 16
    Como projetar um jardim em vaso 20
    Como envasar 26
    Como plantar um arranjo em vaso 29
    Cuidados 31
    Adubação e outras tarefas 35
    Dividir, replantar e propagar.................................... 37
    Soluções de problemas: pragas e doenças 39
    Paleta de plantas 42
    Listas de plantas 53
    Como usar este livro 66

AS RECEITAS 68

    Fornecedores 170
    Índice 171
    Conheça Steve Asbell 176

INTRODUÇÃO

Você consegue imaginar um lugar melhor para praticar jardinagem do que o conforto de sua casa? Mesmo que já tenha um jardim ou more em um apartamento pequeno, existem inúmeros motivos para combinar plantas a fim de criar um jardim interno. Antes de tudo, é muito mais fácil do que parece. Reunir as plantas em um só recipiente simplifica o processo de regá-las, pois você não precisa dar atenção a uma porção de vasos diferentes espalhados pela casa, esquecendo-se inevitavelmente de um ou outro. Sem falar que é um trabalho divertido, e até a pessoa mais relutante vai descobrir que fazer um arranjo de plantas vivas e bonitas se mostra uma tarefa bem menos intimidante do que pintar ou cozinhar. O melhor é que você pode elaborar um espaço verde em seu quarto ou no escritório, mesmo que não tenha nenhuma experiência no assunto. Um arranjo de plantas vivas é tão fácil de fazer quanto um arranjo de flores, só que dura muito mais.

SIM, VOCÊ CONSEGUE COMBINAR PLANTAS DE INTERIOR

Então, por que não há mais pessoas fazendo isso? Deve ser pelo medo de fracassar. Existem inúmeros livros sobre cultivo misto e arranjos em vasos para área externa – inclusive, muitos deles utilizam plantas que se desenvolvem bem em ambientes fechados –, mas ninguém parece saber como formar um conjunto de plantas que prospere dentro de casa. Você nunca teve sorte com cultivos em recipientes rasos (vamos ver mais sobre eles adiante) ou arranjos prontos comprados em loja, então por que se arriscar a agrupar suas queridas plantas domésticas se houver a mínima chance de ser rotulado como "mão ruim"? Afinal, se profissionais não são capazes disso, por que você seria? Bem, a boa notícia é que, com a ajuda deste livro, você pode se tornar melhor na combinação artística de plantas internas do que seu florista. A menos, é claro, que ele também tenha um exemplar deste livro.

Combine as plantas para um visual interessante.

MINIJARDIM BEM-SUCEDIDO EM RECIPIENTES RASOS

Levante a mão se você já teve um jardim em recipiente raso – aquelas travessas repletas de cactos, samambaias ou outras plantas caseiras. Se já, levante a mão novamente se você realmente conseguiu conservá-lo com boa aparência por mais de um ano; caso seja um desses improváveis poucos gênios que realizaram essa façanha, abaixe o livro e use a outra mão para dar tapinhas nas próprias costas. Mas, se fizer parte da maioria convicta de que não nasceu para a jardinagem, junte-se à multidão e tranquilize-se: a culpa não é sua, e sim do jardim em recipiente raso.

Trata-se de uma proposta quase impossível: recipientes rasos, sem furos para drenagem, compostos por pequenas plantas com necessidades totalmente diferentes (cactos e samambaias, já tentou?), que vão morrer ou sufocar uma a outra em poucos meses. Sem furos para drenagem, a água fica presa e estagnada, apodrecendo as raízes e matando as plantas. Se colocar o recipiente no sol, as plantas que gostam de sombra queimarão e morrerão. Se o mantiver na sombra, as plantas que gostam de sol vão se alongar e ficarão fracas, acabando por morrer também. Aquelas que por acaso tiverem a sorte de sobreviver acabarão por tomar conta de todo o recipiente e precisarão ser replantadas ou morrerão. Isso tudo soa um tanto deprimente, mas saiba que a história será outra se usar as plantas certas.

Usar as plantas certas é o segredo para manter saudável um jardim em recipiente raso.

FACILITE O CUIDADO COM AS PLANTAS

Se a composição for adequada, cultivar plantas internas em conjunto se mostra mais simples do que lidar com elas separadamente. Comecei a combinar minhas plantas porque era preguiçoso e me esquecia de aguar corretamente cada vasinho de minha coleção; então, descobri que regar um recipiente grande com todas as plantas era bem mais fácil. Um vaso que comporte maior quantidade de terra oferece às plantas espaço para desenvolver raízes profundas e crescer fortes e resistentes. Menos sujeira e uma área delimitada tornam o jardim de interior bastante agradável, além de o assemelhar a um jardim de verdade.

CULTIVE UM JARDIM EM QUALQUER LUGAR

Não é necessário um jardim externo para criar um paraíso convidativo, e mesmo o menor jardim de interior sobre a mesa serve como distração para os rigores do dia a dia. Podar uma haste e pulverizar folhas é bem mais relaxante do que se escravizar em uma grande extensão de plantio. Vasos maiores agrupados se transformam numa interpretação mais realista dos jardins ao ar livre e podem servir como ponte para a vista do mundo fora de sua janela.

CRIAR ARTE VIVA

Quem disse que "a arte está morta" cometeu um engano. Os arranjos de plantas são trabalhos de arte viva que podem ser exibidos praticamente em qualquer lugar da casa. Existe uma enorme paleta de plantas coloridas que apresentam padrões, texturas e formas muito diversas, como se fossem de fato pintadas. Mas o que há de mais emocionante em "pintar" com plantas é a oportunidade de lidar com um meio que cresce e se modifica. A trepadeira serpenteia, os arbustos lançam seus galhos e as dracenas sobem em direção ao céu. Como artista da jardinagem, você está desenhando a moldura para uma pintura que pinta a si mesma.

Você não precisa de uma prateleira para ter um jardim interior.

É fácil se divertir ao criar jardins em vasos.

TERMOS TÉCNICOS DE PLANTAS

Se etiquetas e instruções sobre plantas o confundem tanto quanto a mim quando comecei a jardinar, esta seção vai ajudar. Marque esta página para usá-la como referência sempre que encontrar um termo que o faça coçar a cabeça. Se a cabeça continuar coçando, use um xampu medicinal.

ENVASAMENTO

- **Substrato orgânico** - Mistura que substitui o solo de jardim, usada para cultivo dentro de casa.
- **Drenagem** - O potencial de escoamento da água a partir das raízes.
- **Retenção de umidade** - O potencial apresentado pelo substrato orgânico para reter água.
- **Aeração** - A possibilidade de o ar passar livremente através do substrato.
- **Correção** - Acréscimo de outros ingredientes ao substrato orgânico para, por exemplo, aumentar a drenagem ou a retenção de umidade.

A Echeveria *é um exemplar em forma de roseta.*

A Fittonia *é uma planta com folhas variegadas.*

ANATOMIA DAS PLANTAS

- **Folhagem** - As folhas e hastes de uma planta.
- **Inflorescência** - Uma haste com flores múltiplas.
- **Colo** - Ponto em que a planta encontra o solo.
- **Nó** - Ponto em que a folha encontra a haste.
- **Roseta** - Folhas dispostas firmemente em espiral.
- **Espata** - O invólucro nas estruturas da flor de lírios-da-paz e antúrios.
- **Variegada** - Quando as folhas têm zonas de cores diferentes.

NOMES DE PLANTAS

As plantas têm nome e sobrenome, como as pessoas. É assim que as diferenciamos umas das outras, especialmente quando apresentam designação popular igual ou semelhante – ou quando uma mesma planta é chamada de formas diferentes em cada região do país. O sistema de "nomenclatura binomial" foi desenvolvido para identificar cada ser vivo (plantas e animais) por seu gênero e sua espécie.

- **Nome popular** (Exemplo: seringueira)

O nome "comum" de uma planta. Parece ser o suficiente para identificá-la, até você perceber que uma porção de plantas recebe o mesmo nome, como sapatinho-de-judia, palmeira ou Steve.

- **Nome científico** (Exemplo: *Ficus elastica*)

Apesar de o nome científico parecer um tanto pesado, é o único modo para descrever uma planta sem confundi-la com outra que tenha o mesmo nome popular. Escrito em latim e em itálico, consiste no gênero e na espécie da planta.

- **Gênero** (Exemplo: *Ficus*)

Um gênero é como uma gangue de rua do musical *Amor, sublime amor** (*West Side Story,* 1961). Seus membros são ligados por semelhanças visíveis e, por isso, reunidos em grupos. É bem mais fácil descrever "Tony, o *Ficus elastica*" como "Tony, o Fícus" porque a maioria das plantas caseiras do gênero Fícus (figueiras) apresenta as mesmas características.

- **Espécie** (Exemplo: *elastica*)

Algumas vezes plantas como Tony, o Fícus, precisam ser separadas da multidão para que possam começar uma família com alguém de outro gênero. Tony, o *Ficus elastica*, tem uma queda por "Maria, a *Schefflera actinophylla*", mas esse relacionamento está condenado em muitos aspectos.

* Musical americano baseado na história de Romeu e Julieta, no qual as personagens Tony e Maria, membros de gangues inimigas, vivem um amor proibido.

- **Cultivar** (Exemplo: 'Tricolor')

Um cultivar é uma espécie que se destaca do restante da gangue e recebe um nome próprio. Tony, o *Ficus elastica*, estala os dedos melhor do que os outros e se veste de maneira estilosa. Então, passa a ser conhecido como Tony, o *Ficus elastica* 'Tricolor'.

Seringueira ou Ficus elastica

Introdução

MODELO

Textura - *Refere-se ao tamanho das folhas, sendo delicadas as menores e grosseiras as maiores.*

Contraste - *Plantas vizinhas com cores ou texturas completamente diferentes criam impacto.*

Repetição - *Repetir plantas ou atributos visuais em um arranjo o torna mais agradável.*

Harmonia - *Plantas vizinhas semelhantes na cor, na forma e em outros aspectos promovem composições equilibradas.*

Ponto focal - *É a maior e mais proeminente planta de um agrupamento, em geral de cor ou textura contrastante.*

O AMBIENTE

LUZ

A primeira coisa que você deve fazer ao criar um arranjo em vaso é decidir onde o colocará, e a luz é sem dúvida o fator mais importante da questão. Antes de passar batido por este capítulo para chegar à parte mais divertida do trabalho, dedique um tempo para conhecer o ingrediente secreto que vai garantir o sucesso ou o fracasso de seu jardim interno.

A falta de luminosidade mata as plantas em silêncio. A luz fornece aos vegetais energia para crescer e viver, por isso esperar que uma figueira viva no escuro por um ano seria como tentar usar um celular sem um carregador. As plantas caseiras mais populares são tão bem-sucedidas porque se adaptaram ao solo sombreado das florestas tropicais e conseguem prosperar nos ambientes escuros das casas. Por outro lado, inúmeras outras plantas internas, como as suculentas, precisam de luz intensa para se desenvolver.

Um ambiente pode parecer suficientemente iluminado a nossos olhos acostumados à sombra ou quando se acende a lâmpada do teto, mas as plantas em geral precisam de mais luz do que nós para seu trabalho diário – e precisam dela o dia todo.

DE QUANTA LUZ EU DISPONHO?

Nenhuma luz significa que não se consegue ler sem uma fonte luminosa artificial e, infelizmente, que você deve desistir de colocar plantas nesse local. Cômodos sem luminosidade em geral não têm janelas ou ficam com as persianas fechadas o tempo todo. É possível manter arranjos em lugares com iluminação irregular, mas não por muito tempo.

A luz fraca é clara o suficiente para se ler um livro com facilidade sem acender uma lâmpada, embora somente poucas plantas caseiras sobrevivam nessas condições. As que conseguem viver assim normalmente são de um verde intenso, como a aspidistra, a espada-de-são-jorge, a palmeira-bambu e a zamioculca. A luz fraca anda por aí

Luz clara é a melhor iluminação para a maioria das plantas caseiras.

Suculentas e cactos preferem luz solar direta, que entra por janelas nas faces norte ou oeste.

tentando roubar um pouco do brilho alheio. É tolerada apenas pelas plantas mais pacientes, mas nunca lhes proporciona conforto.

A luz clara não provém de raios solares diretos, mas é suficientemente forte para se ler um livro sem outro recurso. É conhecida também como luz média, luz clara indireta ou luz filtrada e constitui a melhor iluminação para a maioria das plantas caseiras, pois lhes fornece bastante energia sem chegar ao ponto de queimá-las. Um ponto com luz clara pode estar perto de uma janela voltada para a face sul, em um cômodo com janelas para oeste ou leste, ou no fundo de um cômodo com janelas para a face norte.

A luz solar é intensa e direta, normalmente encontrada perto de uma janela voltada para a face norte. Suculentas, cactos e plantas com florescimento intenso, como a lantana e a escova-de-garrafa, se desenvolvem bem nessas condições. Algumas das plantas citadas neste livro preferem luz solar direta, mas podem ter sido cultivadas sob luz indireta antes de serem compradas; por isso, exponha-as aos raios de sol aos poucos para as folhas não queimarem.

COMO LIDAR COM POUCA LUZ

Diz-se que quem mora em casa com telhado de vidro não atira pedras, mas essa pessoa com certeza deveria começar a cultivar plantas de interior. Se você não é privilegiado com janelas em profusão – ou se estas se encontram obscurecidas por prédios ou árvores próximas –, tente os truques a seguir antes de resolver seu problema de iluminação com uma marreta e a instalação de novas aberturas nas paredes.

- **Afaste os móveis** que podem estar bloqueando as janelas.
- **Limpe as vidraças** para remover o pó e outros resíduos.
- **Pode árvores** e arbustos externos. Contrate um especialista para as árvores maiores.
- **Leve as plantas** para um lugar mais iluminado, evitando a luz solar direta.
- **Escolha plantas** que vivem bem com pouca luz.
- **Instale iluminação** de fornecedores especializados, listados na p. 170.

UMIDADE DO AR

Já aconteceu de você oferecer à sua planta a combinação perfeita de luz, água e cuidados e ainda assim vê-la morrer sem razão aparente? Talvez a resposta seja a falta de umidade – nesse caso, umidade do ar mesmo, sem a qual algumas plantas não vivem. Embora a umidade se revele o ingrediente secreto que algumas das espécies caseiras mais interessantes precisam para se desenvolver, muitas etiquetas ainda omitem essa informação.

Você pode usar um terrário para proporcionar mais umidade às plantas.

As casas ficam mais secas no inverno, quando chove menos. Entre as espécies que mais precisam de umidade estão as selaginelas, os antúrios, as fitônias e a maioria das samambaias, mas praticamente qualquer planta caseira se desenvolve melhor com ar úmido. Há várias formas de fornecer umidade à planta.

- **Umedeça as folhas** com um pulverizador de água, que são acessíveis e fáceis de usar.
- **Cozinhas e banheiros** muitas vezes são mais úmidos por causa da evaporação de água.
- **Use um umidificador de ar**, vendido em farmácias, que pode ficar escondido atrás do vaso.
- **Uma fonte** ou outro objeto decorativo com água próximo à planta fornece umidade com estilo.
- **Agrupe plantas que gostam de umidade** para facilitar a umidificação ou a mudança de lugar.
- **Vasos de barro**, quando molhados, exalam umidade para o ar ao redor.
- **Leve as plantas para uma área externa** sombreada no verão, se possível, para aproveitarem o ar úmido.
- **Um prato com seixos** sob o vaso ou perto dele criará uma atmosfera úmida para as plantas próximas.

ANIMAIS DE ESTIMAÇÃO E CRIANÇAS

Com frequência surgem artigos sobre como são venenosos o bico-de-papagaio e outras plantas caseiras. Sejamos honestos: a maioria das plantas domésticas é tóxica se ingerida em grande quantidade, da mesma forma que muitas das espécies que crescem no caminho para a escola ou em torno do parquinho. Um problema mais real é a possibilidade de que os vasos sejam derrubados. Vasos grandes de cerâmica, porcelana e barro podem ficar no chão se tiverem base larga, mas é preferível usar recipientes macios e leves em superfícies elevadas das quais não possam cair e machucar se alguém esbarrar no móvel.

ESPAÇO

Você pode se apaixonar por um dos maiores arranjos deste livro, mas, antes de reproduzi-lo, certifique-se de que aguentará carregar o vaso até o carro e subir as escadas com ele até um espaço amplo o suficiente para ser visto a distância. Lembre-se de que um arranjo plenamente desenvolvido ficará maior do que quando plantado. Pense também no peso. Se não tiver certeza de que seu móvel antigo vai aguentar um arranjo grande em um vaso de cerâmica vitrificada, considere usar um vaso de material mais leve ou fazer um arranjo menor.

Um arranjo grande como este causa enorme impacto, desde que haja espaço suficiente.

TEMPERATURA

A temperatura pode variar muito dentro de casa, e a "temperatura ambiente" nunca é garantida. Algumas plantas precisam de condições mais frias no inverno, outras requerem calor constante, por isso há uma nota sobre a questão na p. 61. Existe uma diferença entre calor seco e calor úmido. As plantas do deserto preferem o primeiro; as espécies de florestas tropicais, o segundo. Plantas caseiras de zonas temperadas, como as camélias e as heras, não toleram calor e ar seco; conserve-as em ambiente com ar-condicionado no verão (mas garanta umidade) e leve-as para um espaço não aquecido no inverno. A flor-de-maio e outras semelhantes sobrevivem durante invernos aquecidos, mas florescem em profusão se experimentarem temperaturas ligeiramente frias.

VENTILAÇÃO

O bom fluxo de ar é muitas vezes negligenciado como exigência para plantas caseiras, mas pode ser necessário para prevenir doenças, pragas e outros problemas que proliferam em sua ausência. Em cultivos combinados como os deste livro, as plantas ficam muito próximas e precisam de ventilação adequada. Um ventilador pequeno é uma solução excelente e mais do que suficiente para movimentar o ar estagnado em um cômodo.

COMO PROJETAR UM JARDIM EM VASO

Parta do princípio de que não existe erro quando se trata desse projeto. Plantar um jardim em vaso é tão fácil quanto arrumar a mala. Você faz uma lista do que deseja levar, depois acomoda suas melhores roupas, itens diversos e tudo o que necessita em uma mala reforçada. Com essa analogia em mente, feche os olhos e respire fundo. As plantas poderão morrer, as cores serão conflitantes e você sem dúvida vai se esquecer de regá-las vez por outra, mas desde que tenha consciência de que não há meios de fracassar nessa missão, *tudo vai dar certo*. Além disso, as plantas já são bonitas por si mesmas, então é bem difícil criar um jardim em vaso realmente feio.

BUSQUE INSPIRAÇÃO!

Pegue uma folha de papel e uma caneta para uma lição de casa às avessas, em que a página toda vai se compor de devaneios e rabiscos. Preencha a página inteira com coisas que acha bonitas, procurando inspiração em hobbies, cores, plantas, moda, culinária e até mesmo anúncios comerciais. Defina seu objetivo, e os ingredientes magicamente entrarão em seus lugares. Para um trajeto mais direto, comece com as próprias plantas.

PREPARE A ÁREA DE TRABALHO

O cozinheiro precisa de uma cozinha, o pintor precisa de um estúdio e jardineiros de interiores precisam apenas de um pequeno espaço para plantar seus projetos, seja dentro de casa, no pátio ou na varanda. Se possível, reserve uma área para cultivar uma paleta inteira de plantas para usar nos arranjos. Caso não disponha de muitas janelas, considere comprar uma luz para cultivo; além de as plantas crescerem mais uniformemente se não estiverem em busca de uma janela, a luz também pode ser utilizada no cultivo de vegetais quando você estiver com pouca inspiração. Eu criei meu espaço com uma chapa metálica automotiva sobre dois caixotes. Se estiver plantando os vasos dentro de casa, forre o chão com lona impermeável ou forro de plástico (à venda em lojas de ferragem) para mantê-lo limpo.

Uma paleta inteira de plantas caseiras causa uma bela impressão.

VÁ ÀS COMPRAS

Agora é hora da parte divertida: loja de plantas! Há diversas opções nesse campo. Varejistas maiores muitas vezes têm uma boa seleção de espécies para interior, mas como elas não recebem a atenção de uma equipe pequena e atenciosa, o melhor é comprar plantas que acabaram de chegar e que ainda não foram regadas em excesso ou expostas ao sol inclemente. Por outro lado, tais locais praticam uma boa política de devolução. Já lojas de jardinagem são fantásticas porque tanto as plantas como os clientes recebem atenção especial de uma equipe mais experiente. Se nada disso der certo, hoje é possível encomendar qualquer coisa pela internet, seja de viveiros varejistas, seja de atacadistas, por meio de sua loja de plantas. Há muitos sites listados na p. 170.

Ao escolher uma planta, verifique bem se não tem sinais de pragas (p. 39) ou maus hábitos de rega (p. 33). Já é ruim o suficiente uma planta morrer sem que a culpa seja sua, mas uma doença ou uma praga devastadora pode infestar as outras plantas de seu jardim interior.

COMECE COM UMA PLANTA SÓ

Algumas vezes uma planta muito especial é tudo o que você precisa de inspiração, então por que não usá-la como trampolim? Comece com uma espécie fácil de cultivar ou uma que ache realmente estimulante, mesmo que já a tenha em torno de casa. Aprenda sobre suas necessidades e veja se consegue supri-las facilmente. Pode também usar um vaso favorito como primeiro passo, escolhendo plantas que complementem ou contrastem com suas cores e texturas. Agora é hora de escolher as amigas da planta, consultando a paleta da p. 42. Se seu lírio-da-paz gosta de solo mais úmido e luz clara indireta, escolha plantas com interesses comuns e ele se sairá bem em qualquer grupo. Mas vilões como a seringueira *(Ficus elastica)* têm raízes agressivas que podem desencorajar companheiras que precisem de espaço para as raízes.

ULTRAPASSE OS LIMITES DAS CORES

Todos nós já vimos aqueles canteiros chamativos em que o jardineiro evidentemente resolveu pegar no viveiro todas as flores de cores berrantes, depois disseminou petúnias e violetas em uma colisão de cores que obriga os olhos a se contraírem. Mesmo *aquele* jardineiro teria dificuldade para bagunçar um projeto com plantas caseiras. Ainda que algumas plantas para interiores tenham flores perversamente intensas, elas nunca parecem predominar sobre a cor de suas folhas. Até são conhecidas comercialmente como folhagens! Uma boa regra geral é fazer tudo com moderação. Se usar uma *Dracaena marginata* 'Tricolor' com tons de rosa, não há necessidade de acrescentar muitas outras espécies de cores vivas, como laranja ou púrpura. Em vez disso, foque em uma cor delicada e realce as folhas listradas e intensamente coloridas da dracena-de-madagascar ladeando-as com folhas verde-claras, pretas ou verde-sálvia.

SINTA A TEXTURA

Quando descrevo plantas como "delicadas" ou "rudes e grosseiras" pode parecer que estou me referindo às maneiras delas, mas falo da textura ou da aparência das folhas a certa distância. Afinal, talvez haja uma correlação entre o tamanho da folha e boas maneiras, porque é mais provável que uma planta com folhas pequenas permaneça polidamente imóvel e não ofereça obstáculo na hora da poda. Uma espécie com folhas grosseiras, por outro lado, pode facilmente intrometer-se e encobrir as plantas menores do arranjo. Se precisar de uma planta que não atravesse o caminho das vizinhas, procure aquelas com folhas pequenas ou estreitas. Elas conferem um elemento de textura que surge um pouco como surpresa no paisagismo de interiores e oferecem um alívio da folhagem rude tão típica das plantas caseiras. Espécies prepotentes e audaciosas com folhas grosseiras ainda têm seu lugar e ocupam normalmente o centro das atenções. As dracenas e as aglaonemas são exemplos perfeitos, irrompendo do centro dos arranjos com todo o exibicionismo de uma celebridade.

CRIE UM HÁBITO

O hábito de uma planta é mais bem descrito como aquilo que ela fará quando crescer, e o plano de carreira faz uma grande diferença em seu desempenho nos limites apertados de um arranjo. Exemplo: você tem uma plantinha salmão no centro do jardim e decide usar três delas em um arranjo. Em poucos anos, as plantas *Syngonium* (você leu mesmo a etiqueta, certo?) vão abandonar a aparência delicadamente rósea para se tornarem trepadeiras robustas, com enormes folhas verdes divididas. Chegam a alcançar o topo de árvores se não forem detidas! Isso não quer dizer que sejam uma *má* escolha para um arranjo, desde que saiba o que o espera. Veja a seguir uma lista de plantas qualificadas por seus hábitos e como eles podem ser usados.

- **Rasteira** - Espalha-se horizontalmente no solo, algumas vezes transbordando do vaso.
- **Trepadeira** - Tem caules fracos de crescimento rápido que usam gavinhas e outros recursos para se apoiar. Prefira as trepadeiras menores.
- **Aglomerada** - Forma novos rebentos na base, formando um montículo denso. São versáteis e permanecem dentro dos limites.
- **Ereta** - Cresce verticalmente em um ou mais caules firmes.
- **Arbustiva** - Produz um "arbusto" de hastes densamente reunidas. Elas preenchem bem e podem ser podadas periodicamente.
- **Estolonífera** - Na qual rosetas de folhas agrupadas crescem nas hastes. Ideal para plantar na borda dos vasos. Exemplos são bromélias como a *Neoregelia* ou suculentas como a *Echeveria*.
- Se não tiver certeza do hábito da planta, verifique a lista de plantas que começa na p. 53.

Pense no tamanho final das plantas. A combinação de dracena-vermelha e samambaia-rabo-de-peixe parecia graciosa no começo, mas depois elas ficaram enormes!

Combine plantas claras e escuras para criar um contraste interessante.

O VALOR DO BOM CONTRASTE

Para criar algo que chame a atenção, use o contraste. As cores contrastantes ficam opostas umas das outras no círculo cromático e realmente se destacam quando combinadas em diferentes valores. O "valor" de uma cor é definido por seu grau de escuridão ou de claridade, indo do preto ao branco. Por exemplo, uma flor de bromélia vermelho-escura contra um pano de fundo igualmente escuro da verde *Dracaena deremensis* pode ficar indefinida, como palavras em vermelho-vivo são difíceis de serem lidas contra um fundo verde-vivo. Como solução, mude o valor de uma das cores e exponha a flor vermelha da bromélia contra as folhas verde-limão da *Dracaena* 'Limelight'.

LOCALIZAÇÃO É TUDO

Você não deixaria um quadro de que gosta fora de sua visão ou da de seus convidados, então não se intimide em expor uma criação viva. Mesmo que a prioridade seja adequar as necessidades do arranjo em relação à luz, procure colocá-lo em um ponto em que possa ser apreciado. Posicione-o entre paredes brancas, exponha-o no centro da sala ou torne-o o ponto focal de uma janela grande. Você vai desenvolver um amor tão grande pelos arranjos que providenciará cortinas e móveis que complementem as cores de sua dracena. Mas eles não precisam ficar em um só lugar. Se estiver recebendo a família ou os amigos em uma sala pequena, os arranjos podem ser movidos para fora da luz durante a reunião e trazidos de volta no dia seguinte.

Ah, e só porque essas plantas são caseiras não significa que precisam se manter dentro de casa. Se possível, leve-as para um quintal sombreado ou uma varanda durante o verão, para que animem o espaço e se beneficiem de luz mais clara, ventilação melhor e ar com maior nível de umidade.

COMO ENVASAR

Use substrato orgânico comum ou escolha uma mistura indicada especialmente para suas plantas. Um bom composto oferece espaço de respiro para as raízes, uma dose inicial de nutrientes e retenção de umidade. Não use terra para jardim no cultivo de plantas caseiras, com o risco de sufocar as raízes e matar as plantas antes que consiga dizer "retentor de umidade".

O solo criado no vaso é importante no cultivo de plantas isoladas, mas se revela fundamental quando se trata de um grupo, porque precisa acomodar cada planta no recipiente.

SUBSTRATOS PARA VASO

- **Substrato orgânico comum** - Se estiver inseguro sobre qual composto usar, o substrato orgânico comum é o "tamanho único" das bases para cultivo, porque retém umidade, mas drena o suficiente para evitar que as raízes apodreçam.
- **Retentor de umidade** - Para plantas que exigem solo úmido constante, escolha mistura retentora de umidade. Ingredientes como fibra de coco, musgo de turfa ou gel fazem o substrato permanecer úmido.
- **Para cactácea** - Não haverá muitos cactos neste livro, mas o substrato para cactácea é ótimo para suculentas, bromélias e outras plantas que detestam pés úmidos. A água escoa livremente, sem estagnar.
- **Para orquídea** - Em geral composto de casca de árvore, perlita, carvão e outros corretores, tem a respirabilidade e a rudeza que orquídeas e outras epífitas amam. Use para grupos de epífitas ou espalhe em volta da zona das raízes das epífitas plantadas com outras espécies caseiras.

A mistura para cacto deixa a água escoar livremente.

CORRETORES E COMPLEMENTOS

Para controlar melhor as condições de cultivo de suas plantas, misture corretores ao substrato. Conforme o tipo, eles melhoram a drenagem, alteram a acidez do solo ou retêm umidade.

- **Vermiculita** - Feita de mica mineral comum, a vermiculita ajuda a aeração e a drenagem do substrato, mas, como também retém umidade suficiente, pode ser usada sozinha para iniciar sementes e mudas.
- **Perlita** - Promove a drenagem mais rápida. Acrescente este material vulcânico leve ao substrato comum na proporção de 1:1 para suculentas e de 1:4 para plantas que necessitam tanto de umidade quanto de drenagem.
- **Musgo de turfa** - O principal componente de terras para vasos, ele é adicionado quando há necessidade de mais retenção de umidade ou acidez. Não é recurso renovável e pode ser substituído pela casca de coco.
- **Casca de coco** - É uma boa alternativa para o musgo de turfa por sua capacidade de retenção de umidade.
- **Musgo esfagno** - Usado em substratos para orquídeas e outras epífitas. Pode ser usado em guirlandas plantadas ou arranjos montados. Escolha musgo de grão longo para epífitas e de grão curto para propagação.
- **Cascas de pinus para orquídea** - Casca retirada de pinheiros usada no cultivo de orquídeas. Substitui com superioridade o musgo esfagno para a maioria das orquídeas (exceto a *Phalaenopsis*) porque não fica muito encharcada.
- **Carvão ativado** - Reduz a acidez do substrato e evita o apodrecimento. Adicionado geralmente em pequenas quantidades a substratos para orquídeas.

RECIPIENTES

Os recipientes estabelecem o padrão para a combinação de plantas, daí a importância da qualidade. O vaso certo dá ao olho o lugar de repouso, um espaço vazio chamado também de "espaço negativo"; bem escolhido, mantém o equilíbrio com as plantas através da repetição de cores, texturas e padrões.

O vaso certo equilibra sua combinação de plantas.

MATERIAIS

- **Cerâmica vitrificada** - Estes vasos cozidos, brilhantes e coloridos são caros, porém duráveis e atraentes. Pesados, são ideais para arranjos grandes assentados no chão.
- **Barro** - Podem ser apenas vasos de argila, mas criam uma pátina atraente de minerais ou musgo com o passar do tempo. São perfeitos para suculentas e epífitas, já que possuem boa aeração.
- **Fibra de vidro** - Relativamente novos, os vasos de fibra de vidro são leves e baratos como os de plástico, mas são quase tão bonitos quanto os de cerâmica vitrificada.
- **Plástico** - Embora não sejam os mais atraentes, os vasos de plástico dão conta do recado. Isto é, até se quebrarem sob a luz do sol. Os vasos de fibra de vidro são bons substitutos.

TAMANHOS

- **Vasos altos** - Possuem uma elegância imponente e, ao mesmo tempo que ocupam uma área pequena na sala, oferecem espaço de sobra para as raízes se desenvolverem. Como chamam a atenção, gaste um pouco mais comprando os vitrificados.
- **Vasos largos** - Excelentes para criar a aparência de paisagem quando preenchidos com plantas rasteiras e com textura. Têm a altura perfeita para servir como peças centrais.
- **Vasos pequenos** - Com arranjo e localização apropriados, podem ser tão chamativos quanto os grandes. Se usar plantas pequenas, pode criar um vicejante ecossistema sobre a escrivaninha.

PENSANDO FORA DO VASO

Um galhinho pode servir de base para arranjo.

Vários projetos deste livro rompem com a definição convencional de jardim em vaso. A verdade é que, com as plantas certas, um arranjo vivo pode ser mantido sobre uma pedra vulcânica, um tronco ou uma placa de casca de árvore ou mesmo um galhinho achado na praia. Pode-se montar facilmente epífitas e suculentas pegando mudas (p. 37), envolvendo o corte com musgo esfagno e prendendo-as à superfície desejada com barbante ou arame encapado. Para regar plantas assim, umedeça-as de vez em quando, molhando o musgo esfagno e a superfície do cultivo. Outra forma de cultivar plantas sem recipientes é seguir o método tradicional japonês chamado *Kokedama*. Tire a planta do vaso, enrole firmemente musgo de turfa ou casca de coco em volta da bola de raízes, depois envolva com musgo esfagno e prenda com barbante. Insira mudas e coloque o *Kokedama* em uma travessa. Regue com frequência suficiente para manter a bola de raízes úmida.

COMO PLANTAR UM ARRANJO EM VASO

A chave para um arranjo bem-sucedido em vaso está no próprio plantio. Errar nesta parte pode deixá-lo com algumas plantas tristonhas, mas se acertar logo de início elas se desenvolverão desde o primeiro dia. Claro que ajuda muito começar com algumas ferramentas boas, como pá ou garfo, mas criei muitos arranjos usando apenas um vaso vazio para cavar e minhas mãos para plantar.

- **Planeje.** Escolha plantas que crescem sob as mesmas condições, usando a lista da p. 53 como guia. Antes de comprá-las, imagine diferentes arranjos para encontrar a melhor combinação.
- **Prepare a terra e as plantas.** Regue as plantas e o substrato orgânico algumas horas antes do plantio. Isso ajuda o assentamento das plantas e garante terra úmida e manejável. Se for acrescentar corretores ao substrato ou à terra vegetal, faça-o agora.
- **Adicione uma camada de drenagem.** Use cinasita (argila expandida), brita ou potes e garrafas de plástico amassados para fazer uma camada com profundidade de até um quarto da altura do vaso. O excesso de água escoará pelo buraco até a base.
- **Coloque o substrato orgânico.** Conforme despejar o substrato, comprima-o levemente com as mãos ou a pá, caso contrário ele afunda e se firma depois do arranjo, deixando bolsas de ar em volta das raízes que as faz secar e morrer, enfraquecendo a planta.
- **Retire as plantas dos vasos.** Com delicadeza, separe as raízes de cada planta para dispersá-las. No caso de plantas com raízes emaranhadas, faça dois cortes com uma faca afiada através do fundo do bolo de raízes enroladas, sem medo. Coloque as plantas ainda não usadas sobre folhas de jornal.
- **Disponha as plantas.** Posicione as plantas sobre o substrato na distribuição desejada, acrescentando ou retirando terra de forma que o

Não é necessário ter ferramentas sofisticadas para plantar em vasos.

Acrescentar acabamento decorativo valoriza sua criação.

colo (onde a terra encontra o caule) de cada planta fique a 2,5 cm da borda do vaso. Plantas menores ou mudas podem ser enfiadas em pequenas aberturas entre as plantas.

- **Preencha os vazios.** Com uma colher ou pá bem pequena, preencha os vazios em volta de cada planta, pressionando delicadamente ao redor das raízes. Acrescente mais substrato até que a superfície do solo esteja nivelada com o colo de cada planta. Não compacte o solo contra a planta, porque isso pode causar apodrecimento.

- **Acrescente elementos decorativos.** Se for usar um acabamento como areia ou casca de árvore, faça-o já. Alguns arranjos (especialmente com suculentas) melhoram com a adição de conchas, bolinhas de gude ou bichinhos de porcelana. Não se preocupe se vai ficar cafona ou não, trate de se divertir!

E, então, foi divertido? Vamos fazer outro.

CUIDADOS

Uma receita de cookies é inútil se você já não souber usar o forno. Cada "receita" de arranjo em vaso deste livro tem instruções exclusivas que vão lhe dizer quase tudo o que precisa saber para conservar felizes as plantas escolhidas. Elas são suficientes para começar, mas este capítulo vai lhe dar o conhecimento necessário para improvisar quando decidir fazer as próprias combinações, ou mesmo se apenas necessitar um plano B caso uma das plantas comece a contagem regressiva para se autodestruir.

SEGREDOS DO DEDO VERDE

Do mesmo modo que os bebês não vêm ao mundo com um talento inato para cirurgia do cérebro, ninguém nasce com mão boa para plantar.

Quando as pessoas descobrem que escrevo sobre jardinagem, elas invariavelmente me contam sobre suas tentativas para manter as plantas vivas e querem saber como fazer isso. E eu lhes pergunto: "Bom, qual é a espécie?", e elas me respondem que é "uma orquídea" ou "um legume" e esperam ansiosamente pela minha resposta. Eu acabo por descobrir a identidade da planta e digo como deve ser tratada. A questão é que o modo de cuidar de uma planta depende inteiramente da planta específica em questão. Um cacto do deserto tem necessidades totalmente diferentes das de uma planta-mosaico ou de um lírio-da-paz.

Este arranjo é muito fácil de cultivar – eu plantei as mudas e as reguei uma vez a cada três semanas.

APRENDA SOBRE SUAS PLANTAS

Pesquisar uma planta é crucial e, às vezes, também bastante rápido. Poderia ser tão simples quanto ler as instruções na etiqueta da planta ou pedir ajuda a um funcionário da loja de jardinagem, mas essas informações às vezes se mostram erradas ou incompletas. Então, faça melhor: procure a planta on-line ou em um livro para saber como mantê-la viva. Tem um celular? Faça uma busca rápida e pronto! A seção de

Conheça bem as plantas que cultiva e quais as necessidades de cada uma.

fornecedores na p. 170 traz uma lista de sites que vão ajudar sua pesquisa, e o catálogo na p. 53 apresenta muitas das plantas versáteis usadas neste livro.

OUÇA AS PLANTAS

O segundo segredo para manter as plantas saudáveis é o mesmo dos relacionamentos: seja um bom ouvinte. Infelizmente, as plantas têm as mesmas habilidades sociais dos tímidos, então você nunca vai ouvir um berro de "Alimente-me, por favor!" vindo de uma planta faminta. As plantas são famosas por manter suas bocas inexistentes fechadas quando estão infelizes, preferindo usar o equivalente botânico da linguagem de sinais para transmitir suas mensagens.

Um bom ouvinte vai captar pistas visuais, como o amarelecimento das folhas, e responderá atenciosamente servindo farinha de osso acompanhada de adubo diluído em água.

Esse e outros pedidos de socorro (queda de folhas, formação de crostas, infestação por pragas) devem ser atendidos seguindo as orientações na p. 39.

Algumas vezes você pensará se não seria melhor dar um fim ao sofrimento da pobre planta, o que é normal. Se todos os recursos disponíveis não forem capazes de recuperá-la, não tenha medo de jogá-la fora como um ovo podre. Uma planta moribunda pode facilmente espalhar pragas e doenças às vizinhas do mesmo vaso ou do mesmo ambiente, por isso não existe glória nenhuma em lutar até o fim. Essa conclusão nos leva a um próximo passo um tanto macabro.

MATE SUAS PLANTAS

O quê? Antes de jogar sua begônia no lixo, pense que talvez as plantas acabem morrendo graças aos erros cometidos por você. Mas não se martirize por isso.

Um senhor frustrado me disse uma vez que cultivaria plantas, mas que não conseguia manter vivos vegetais como tomates por mais de um ano e se sentia um fracasso. Imagine o alívio que ele experimentou quando eu lhe disse que os tomates precisavam ser replantados anualmente. Toda planta morta o leva mais para perto da categoria dos que têm dedo verde, porque você começa a aceitar as idas e vindas da natureza e a inevitabilidade da morte e do sofrimento. A outra lição é menos profunda: toda vez que mata uma planta, você aprende uma nova forma de manter viva a próxima.

REGA

A frequência da rega depende de muitas variáveis, por isso trato caso a caso as receitas dos arranjos, indicando como aguar cada um. Se planeja criar composições próprias, aqui vão algumas orientações.

A selaginela precisa de muita umidade e pode ter cultivo desafiador, mas o resultado é espetacular.

QUANDO REGAR

Pouco é melhor do que muito quando se trata de regar as plantas, porque água em excesso causa apodrecimento e decadência, mesmo que a primeira reação ao ver uma planta murcha seja regá-la ainda mais. Como a frequência da rega parece ser a parte mais confusa da manutenção das plantas para a maioria das pessoas, vamos direto ao assunto, dividindo tudo em duas listas: razões para regar mais e razões para regar menos.

Razões e sinais para regar mais
- Folhas e caules pendentes.
- Folhas mais baixas, que murcham antes de caírem.
- Folhas opacas quando normalmente são brilhantes.
- Terra tão seca que encolheu e formou um vão na borda do vaso.

Cuidados 33

- Raízes com aparência quebradiça e enrugada.
- Suas plantas são fãs de umidade (ver lista na p. 61).
- A mistura para vaso está empedrada e de cor mais clara.
- A água corre direto através do vaso durante a rega.
- O vaso é pequeno ou raso.
- O arranjo inteiro está leve.

Razões e sinais para regar menos
- Terra ensopada e enlameada.
- Raízes apodrecidas, que aos poucos se tornam pretas ou amolecidas.
- A planta se destaca facilmente do solo.
- A terra está preta e úmida.
- Não há furo para drenagem no fundo do vaso.
- A água se instala no pratinho de drenagem.
- Há um mau cheiro generalizado.
- A planta é uma suculenta ou gosta de clima seco (ver lista na p. 64).
- O vaso é alto, o que significa que pode reter água por mais tempo.
- O arranjo inteiro está pesado.

COMO REGAR

No clássico do cinema *Bonequinha de luxo* (*Breakfast at Tiffany's*, 1961), a famosa personagem de Audrey Hepburn dá um exemplo horroroso para as jovens dos anos 1960 com sua completa desconsideração pelas regras. Não, não estou falando sobre fumar na companhia de gente suspeita, pequenos furtos em lojas ou qualquer outra de suas peculiaridades, mas algo bem mais temerário e calamitoso. Quando Holly Golightly se esgueira para dentro da casa de um estranho vestida apenas com um penhoar, ela se aproxima insinuante do homem nu na cama com um drinque na mão e comete o pecado mais impensável: despeja a bebida em uma planta infeliz, com total desrespeito às orientações de rega. Surpreendentemente houve pouca reação popular diante do desastre, mas por sorte a moda de jogar martínis nas plantas também não pegou.

Agora que colocamos "martínis" na lista de como não se deve regar as plantas, segue como fazê-lo corretamente.

- **Use um bico estreito** para regar as plantas com precisão, sem molhar as folhas e a mesa.
- **Regue lentamente e por igual**, para umedecer as raízes de cada planta. Se despejar a água muito rápido, ela passará direto pelas raízes.
- **Utilize um pratinho** para colher o excesso de água e conservar a superfície seca. Mas, exceto se a planta for sedenta (p. 65), não deixe água parada nele, ou as raízes apodrecem.
- **Aplique água em temperatura ambiente** sempre que possível; muitas plantas caseiras são sensíveis à água fria.
- **Evite molhar as folhas** de plantas aveludadas, para que não apodreçam.

ADUBAÇÃO E OUTRAS TAREFAS

Tal qual um jardim externo, o jardim de interior requer cuidados para se manter bonito e saudável, como arrancar ervas daninhas e retirar folhas mortas. Uma camada de pó ou de folhas mortas não é apenas pouco atraente – causa doenças e constitui esconderijos perfeitos para pragas. Eis alguns zelos necessários.

Não são necessárias ferramentas grandes para podar seu jardim de vaso.

CUIDADOS

- **Limpe folhas grandes** com um pano úmido, passando-o da haste para fora nas duas faces da folha.
- **Retire folhas mortas** com a mão ou com tesoura de poda. Remova também flores ou hastes mortas.
- **Arranque ervas daninhas** da terra com a mão, puxando desde a base para pegar as raízes.
- **Molhe as plantas** de vez em quando com um jato fino para desalojar pragas e poeira; faça-o na sombra para não queimar a folhagem.

COMO PODAR

Renove os arranjos com uma poda leve de tempos em tempos. Eis algumas razões para fazer estalar a tesoura de poda.

- **Retire as folhas amarelas** com tesoura limpa para evitar a disseminação de doenças.
- **Desbaste o arranjo**, cortando hastes velhas ou fracas na base.
- **Pode as pontas das hastes** das plantas arbustivas para conservar a aparência cheia.
- **Dê origem a novas plantas** com a retirada de mudas, conforme as orientações da p. 37.
- **Reduza o tamanho de plantas** como figueiras retirando as hastes mais altas.

Todo jardineiro de interiores precisa de uma tesoura de poda, e uma tesourinha é adequada à maioria das tarefas. Para remover caules maiores e lenhosos, use uma tesoura de poda de ponta curva.

COMO ADUBAR

Plantas caseiras em geral são vendidas em vasos com fertilizante misturado ao substrato, mas seu efeito dura apenas alguns meses. Elas não necessitam de tanto adubo quanto as plantas cultivadas fora de casa, mas aplicações regulares garantem a aparência saudável de quando compradas. Plantas bem nutridas também se mostram mais resistentes a pragas e doenças. As floríferas exigem boa adubação, pois manter uma floração pesada requer esforço. Se possível, use um produto com mais fósforo para obter um número ainda maior de flores. Entre as espécies que pedem menos adubação estão os cactos, a maioria das suculentas e as samambaias. Na verdade, várias suculentas e bromélias ficam mais coloridas quando, por assim dizer, passam fome.

Existem muitos tipos de adubo, mas como possuem ingredientes diferentes, cada um traz instruções próprias. Há fertilizantes formulados especificamente para cactos, orquídeas e até para violetas-africanas! Não importa sua escolha, uma boa regra é não adubar em excesso, sobretudo se utilizar fertilizantes sintéticos, que mais prejudicam do que beneficiam a planta. Se os minerais já se agruparam para formar uma crosta branca ou amarela no vaso, elimine-os enxaguando-os com uma rega abundante e removendo a crosta do vaso. Meu fertilizante favorito é a terra de compostagem diluída em água, porque não há como aplicá-lo em excesso e danificar o arranjo. Basta usar esse "chá" para regar as plantas conforme a necessidade, sem a programação complicada exigida pelos produtos sintéticos.

Usar terra de compostagem diluída em água poupa dinheiro e evita a adubação em excesso.

DIVIDIR, REPLANTAR E PROPAGAR

Gostaria de dizer que as plantas vivem alegremente mesmo depois que morrem, mas, apesar do extenso vocabulário latino de botânica de São Pedro, não existem portões perolados esperando a chegada de sua orquídea excessivamente regada. Apenas dispense a planta, verta algumas lágrimas (se ninguém estiver olhando) e siga em frente.

Algumas plantas, como begônias, têm uma vida curta comparada com suas vizinhas no vaso e devem morrer depois de um ou dois anos. Essas espécies temporárias podem ser substituídas de muitas formas. Entre as opções estão retirar mudas e fazer transplantes quando estiverem decadentes; substituí-las por plantas diferentes; ou remover a espécie moribunda e deixar aquele ponto vazio.

Muitas plantas se multiplicam com bastante facilidade.

COMO FAZER MAIS PLANTAS

Uma das experiências mais gratificantes da jardinagem é dar origem a novas plantas, de graça, com aquilo que você já tem.

MUDAS POR CORTE DE HASTES

Com tesoura afiada, corte acima da gema ou do nó da folha. Retire pedaços pequenos de plantinhas e hastes mais longas de plantas maiores. Algumas mudas se desenvolvem em recipiente com água, mas é melhor polvilhar de leve a ponta do corte com hormônio para enraizamento e inseri-la em meio úmido como vermiculita ou mistura para iniciar sementes. Candidatos para mudas por corte são a jiboia, a dracena e o cacto-macarrão.

ALPORQUIA

Para algumas plantas maiores, a alporquia (ou mergulhia aérea) é o método indicado. Ao trabalhar com plantas lenhosas, como figueiras, selecione uma haste e dê um pique com faca afiada a cerca de 30 cm da extremidade de origem. Retire as folhas dessa área. Descasque ou raspe um retalhinho onde fez o pique e aplique hormônio de enraizamento. Depois, com um saco plástico, envolva bem firme musgo esfagno ao redor do talho e prenda com elástico ou arame encapado. Outras plantas boas para a mergulhia aérea são comigo-ninguém-pode, dracena e cheflera *(Schefflera)*.

Fazer sementeiras é um modo gratificante de obter novas plantas para seus arranjos.

MUDAS DE FOLHAS

Sansevérias, begônias, violetas-africanas e muitas suculentas são iniciadas com mudas de folhas, método semelhante ao corte de hastes. Algumas, como as echeverias, devem ser plantadas com a folha intacta e a ponta cortada inserida na terra. No caso das sansevérias, picote a folha em segmentos e insira a base no solo. Muitas begônias criam raízes em qualquer parte da folha, que pode ser cortada em seções ou plantada inteira com o lado inferior voltado para baixo.

SEMENTES

Iniciar plantas caseiras a partir de sementes leva um período bem maior, mas pouca coisa é mais gratificante do que vê-la se desenvolver a partir de uma estrutura microscópica até se tornar uma palmeira ou uma bromélia. Cada planta tem diferentes exigências, mas, em geral, mistura para iniciar semente ou vermiculita são bons meios para o cultivo. Sementes menores podem ser cultivadas em um recipiente hermético de plástico.

DIVISÃO

Retire as plantas do arranjo e, com uma faca limpa, fatie a touceira para dividi-la em segmentos. Depois, coloque uma das partes de volta ao vaso original com substrato orgânico fresco e plante as outras em vasos novos.

SOLUÇÕES DE PROBLEMAS: PRAGAS E DOENÇAS

A maioria dos problemas relacionados a pragas ou doenças pode ser facilmente prevenida com cuidado adequado e olhar atento. Mas, se a planta já estiver sofrendo, siga estes passos.

- **Inspecione cada planta** no vaso antes, porque pode haver outras pragas enfraquecendo-a, das quais você ainda não tem ciência. Posicione o vaso no nível dos olhos, em lugar bem iluminado e longe de outras plantas para poder identificar problemas sem infectar os demais arranjos. Se colocar o vaso sobre uma folha branca de papel, poderá ver qualquer praga que caia.
- **Limpe as folhas** de cada planta com um pano úmido e procure aspectos anormais, como secreção pegajosa, mancha irregular ou "escamas" duras. As áreas problemáticas que merecem mais atenção são as folhas velhas ou feias, assim como a parte inferior e a axila da folha, ou seja, o ponto em que ela encontra a haste.
- **Examine as raízes** delicadamente, retirando as plantas do vaso ou, no caso de recipientes maiores, afastando a terra com uma pá. Se as raízes preencherem o vaso de modo a restar pouco espaço para a terra, é hora de replantar. Se estiverem empapadas ou podres, talvez esteja regando em excesso. Use as mãos para separar com cuidado as raízes; retire as partes mortas com uma faca afiada e limpa e replante em substrato fresco.
- **Lave as mãos** e as ferramentas após inspecionar cada planta para não disseminar potenciais problemas a outros arranjos. Agora que examinou seus cultivos, siga o próximo passo.
- **Identifique as pragas** consultando o guia prático a seguir.

PRAGAS

Não culpe as pragas por atacarem as plantas. Elas só procuram uma refeição, e sua figueira negligenciada tem escrito "presa fácil" por toda parte. Do mesmo modo que os seres humanos previnem um resfriado com um estilo de vida saudável, uma planta bem cuidada se torna quase imune a pragas. Como as plantas nos arranjos crescem próximas umas das outras, uma forma de combater as pragas com mais eficiência é desbastar partes congestionadas com uma poda vigorosa – siga as dicas da p. 35.

Cochonilhas são facilmente removidas com a ponta da unha.

- **Escamas** - Observadas como discos duros na superfície de hastes e folhas, são facilmente removidas com a mão. No caso de infestações mais pesadas, no entanto, pulverize a planta com sabão inseticida ou com uma solução de 1 colher (sopa) de sabão líquido em 3,7 litros de água.
- **Cochonilhas** - Surgem como pequenos tufos brancos de algodão-doce em sua planta predileta, e se há uma coisa boa a ser dita sobre esse inseto fofo e escamoso é que é fácil localizá-lo e removê-lo. Pegá-lo com a mão é definitivamente nojento, mas efetivo. Pulverize infestações grandes com sabão inseticida.
- **Ácaros** - Esses parentes microscópicos da aranha em geral não são percebidos até as folhas começarem a amarelar e a cair. Se passar um papel umedecido em uma folha e encontrar pontos vermelhos ou marrons, você tem ácaros. Livre-se deles limpando as folhas com pano úmido ou vaporizador. Para evitá-los, proporcione mais umidade ou limpe as folhas regularmente.
- **Lacerdinhas** - Deixam pequenos cortes nas folhas. Parecem-se muito com ácaros a olho nu, só que mais estreitos. Enxágue com água para retirá-los.
- **Mosca-dos-fungos** - Se notar mosquinhas pretas em casa, é provável que suas plantas sofram com fungus gnats. Elas se reproduzem na terra de vasos cronicamente regados em excesso. Capture as adultas em armadilhas feitas com cartões embebidos em vaselina e trate infestações graves regando a planta com um produto chamado *B.T. (Bacillus thuringiensis)*; siga as instruções do rótulo.

É difícil encontrar os ácaros em si, mas os danos por eles causados ficam evidentes.

Tenho uma rã em casa para comer os insetos, mas talvez você prefira outra estratégia.

DOENÇAS

Se uma das plantas do vaso estiver doente, deixe-a em quarentena – retire-a do arranjo, remova as partes afetadas e replante-a em substrato orgânico fresco. Assim que recuperar a saúde, poderá ser recolocada no arranjo. A maioria das doenças é causada por excesso de água ou por pouca circulação de ar, então preste os cuidados necessários às outras plantas do arranjo.

- **Podridão** - Pontos escuros e moles nas hastes, raízes ou bases das plantas indicam rega em excesso e início de apodrecimento. Retire as partes atingidas da planta com uma faca afiada e limpa e transfira-a para um vaso com substrato fresco. Se a podridão estiver na base, é melhor jogar fora a planta e recomeçar.

- **Vírus** - Se a planta se desenvolve devagar apesar dos cuidados e gera apenas folhas listradas ou raquíticas, pode haver um vírus. As viroses em geral são transmitidas entre plantas por pragas ou tesouras de poda sujas. Para prevenir, limpe as ferramentas e remova as pragas. Infelizmente, não existe cura para as plantas com vírus, por isso jogue-as fora de imediato.

PALETA DE PLANTAS

BROMÉLIAS

Quando as pessoas me dizem que não conseguem manter as plantas vivas, eu lhes sugiro que cultivem bromélias – particularmente as que se instalam em árvores e têm formato de vaso. A rega é feita despejando água no vaso formado por suas folhas bem fechadas, que permitem gotejamento para as raízes embaixo. Como as raízes das bromélias em forma de vaso existem sobretudo para fixação, propiciam fácil transplante para arranjos com raízes emaranhadas. Cultive-as em luz clara indireta, exceto as neoregelias, cuja cor se intensifica com um pouco de sol direto. Adube de leve com fertilizante para orquídeas ou terra de compostagem, ambos diluídos.

A bromélia *Aechmea* mais popular é a vaso-prateado (*A. fasciata*), com folhas verde-sálvia polvilhadas de branco e inflorescência rosa duradoura, mas existem muitas outras. A lágrimas-de-rainha (*Billbergia nutans*) e outras do gênero são úteis por suas formações circulares eretas e de cor suave, mas bastante cultivadas pelas flores pendentes semelhantes às do brinco-de-princesa. As guzmânias são algumas das bromélias mais comercializadas por seu florescimento exuberante e duradouro e suas folhas verdes brilhantes. Mas não pare por aí. Apesar de as flores da *Neoregelia* muitas vezes ficarem escondidas no fundo do vaso, as cores e os padrões das folhas são tão brilhantes e variados que compensam. Variedades como a *Neoregelia* 'Scarlet Charlotte' começam

A bromélia é uma das plantas mais fáceis de cultivar.

a adquirir matizes ricos antes de florescer, recebendo o nome de "bromélias ruborizadas". Algumas *Vriesea*, como a espada-de-fogo (*Vriesea splendens*), apresentam padrão interessante na folhagem e espigas de flores vermelhas em forma de pena. Outras têm apenas folhas verdes, mas valem pela durabilidade, pela versatilidade e pela floração duradoura.

A criptanto (*Cryptanthus* spp.) é a bromélia de terra mais útil, uma excelente forração de solo para arranjos em vasos cultivados sem luz solar direta. 'Pink Star' e 'Red Star' são dois híbridos menores que funcionam bem em vasos pequenos. Outras bromélias terrestres interessantes são o abacaxi-ornamental (*Ananas*), a *Orthophytum* e a *Dyckia*. Todos toleram seca, mas prosperam se regados com regularidade.

BULBOS

Um bulbo que floresce inesperadamente acrescenta um elemento-surpresa ao arranjo, semelhante ao apelo de um jardim exterior. Bulbos de climas temperados, como narcisos, açafrões e jacintos, precisam de temperatura fria no inverno, mas podem ser forçados a florescer se levados para dentro de casa no fim dessa estação. Em climas menos frios, guarde-os na geladeira a partir do outono e durante o inverno para enganá-los e fazê-los florir. Junte-os aos arranjos, desfrute as flores e leve-os de volta ao jardim quando a florada acabar. Não devem ser considerados como opção em regiões de muito calor, porque não se desenvolvem em clima quente.

Bulbos tropicais, por outro lado, são perfeitos para cultivo dentro de casa o ano todo. Alguns precisam de um período de dormência no inverno, e é melhor espaçar a rega quando a folhagem começar a declinar. A maioria dos bulbos tropicais não é de fato um bulbo, e sim estruturas exóticas chamadas de cormos, rizomas ou tubérculos, mas vamos utilizar o termo "bulbo" mesmo. A açucena *(Hippeastrum)* é o bulbo mais popular, indicado para cultivo isolado porque precisa ser reenvasado com frequência. O caládio produz flores interessantes quando bem cultivado, mas é procurado principalmente por suas folhas largas e coloridas, com padrões intrincados. O agapanto é valorizado pelas flores azuis, que surgem em talos altos na primavera. O lírio-do-vento *(Zephyranthes)*, o lírio-sangu-salmão *(Scadoxus multiflorus)* e o lírio-do-furacão *(Lycoris)* também são conhecidos como lírio-surpresa por florescerem quando menos se espera. O lírio-do-furacão, porém, se destaca dentre os outros, pois entra em dormência no fim da primavera e floresce no fim do outono em talos altos. Clívias e crinos são grandes e só devem ser usados como ponto focal em um arranjo que os comporte.

O copo-de-leite proporciona floradas duradouras para arranjos com flores de corte.

CACTOS

Em termos gerais, há dois tipos de cacto, os que crescem no deserto e os que crescem no topo das árvores das florestas tropicais.

Mesmo que os **cactos de deserto** sejam uma proposta espinhosa, valem a pena por sua floração ou para formar arranjos temáticos. Combine cactos de deserto com suculentas em substrato para cacto e cultive-os diretamente sob a luz do sol da janela que receber mais tempo de insolação. Bons cactos de deserto para arranjos interiores englobam os do gênero *Cereus* (formas anormais), *Mammillaria*, *Gymnocalycium*, *Echinopsis* e *Rebutia*. Existem tantos cactos que muitos não têm nomes populares ou compartilham a mesma designação com outras plantas. Para retirar do arranjo um cacto que se desenvolveu demais, corte a terra ao redor dele com uma faca afiada para que saia fácil. Calçando luvas, enrole o cacto em tiras de papel e levante delicadamente a planta com uma das mãos; use a outra para cortar as raízes persistentes.

Os **cactos de floresta** são mais úteis em arranjos porque, em geral, não têm espinhos, desenvolvem-se sem luz solar direta, podem ser cultivados tanto em terra úmida quanto *sem* terra – e já mencionei que não têm espinhos? Estão entre as plantas mais fáceis de cultivar, suportam grandes períodos sem água e são comercializados em grandes varejistas. O cacto-macarrão *(Rhipsalis)*, sem folhas, exibe hastes verdes estreitas que pendem como fios de espaguete. Use-o quando precisar de uma cortina de planta com textura fina. A flor-de-maio *(Schlumbergera)* e o cacto-da-primavera *(Hatiora)* são os mais conhecidos, produzindo um espetáculo florido se tiverem um período de descanso antes das épocas que lhes dão nome. O cacto-orquídea *(Epiphyllum)* apresenta hastes achatadas e largas e é maior e mais grosseiro do que as outras plantas, mas serve como peça central em arranjos grandes e produz flores do tamanho de pratos. Os cactos-epífitas prosperam praticamente em qualquer solo, de substrato orgânico comum ou para orquídea até fixado a um galho. Toleram luz bem fraca, mas dão flor e se desenvolvem melhor em locais claros. Podem acompanhar suculentas em um arranjo ensolarado, desde que sejam movidos lentamente para o ponto em que o sol incide para não queimar a folhagem.

DRACENAS

As dracenas são indiscutivelmente as rainhas das plantas caseiras e nunca deixam de causar impacto como peça central de um arranjo. A *Dracaena deremensis* é popular, mas seus cultivares vistosos são especialmente úteis. A 'Limelight' tem folhas verde-claras que vão do dourado ao verde-limão, e a 'Warneckii' apresenta listras brancas nas bordas de cada folha pintada de verde-sálvia. A *Dracaena marginata* exibe folhas verde-escuras estreitas com vermelho nas bordas, mas cultivares como 'Tricolor' são tão vivamente coloridos com vermelho e branco que parecem cor-de-rosa. O pau-d'água (*Dracaena fragrans*) é inexpressivo em sua forma comum, mas alguns cultivares, a exemplo do *D. fragrans lindenii*, parecem brilhar como uma fonte de folhas atrevidas de um verde-limão dourado. A planta comumente conhecida como bambu-da-sorte é também uma dracena (*Dracaena sanderiana*) e, embora vendida como muda na água, desenvolve-se melhor ainda no substrato orgânico. É a peça central perfeita para um arranjo pequeno e encontrada, ainda, na forma variegada! A ovelha negra do grupo é a *Dracaena godsffiana*, já que mais parece um arbusto e tem manchas douradas e creme, além de pontos em vez de listras.

O coqueiro-de-vênus (*Cordyline fruticosa*) é parente distante das dracenas e precisa de um meio mais úmido, mas o colorido das folhas de cultivares como 'Red Sister' é tão intenso e único que você acabará comprando um umidificador para poder cultivar uma planta de um rosa tão quente em casa.

A dracena 'Limelight' ilumina salas escuras com sua folhagem brilhante.

SAMAMBAIAS

Poucas plantas têm o apelo suave e alado das samambaias, que nem sempre se revelam tão exigentes como sustenta a crença popular. Ao asplênio-ninho-de-ave (*Asplenium nidus* e outras) falta a textura fina que seria de se esperar em uma samambaia, mas ele serve para pontos focais de grande impacto e é muito resistente. Samambaias de mesa (*Pteris* spp.) também são muito duráveis e impressionam por suas frondes aéreas verde-sálvia prateadas. Muito comuns para casa, as samambaias-americanas (*Nephrolepis* spp.) variam das que têm frondes rendadas e delicadas, como a 'Fluffy Ruffles', às imponentes, como a rabo-de-peixe (*Nephrolepis biserrata*). Essas e muitas outras se desenvolvem bem somente em umidade mediana, embora borrifá-las de vez em quando melhore sua aparência. Cultive-as em luz clara, longe de raios solares diretos.

Paleta de plantas

A avenca apresenta textura delicada.

As samambaias mais rebuscadas, evidentemente, são as mais delicadas. A renda-portuguesa *(Davallia fejeensis)* e a avenca *(Adiantum raddianum)* precisam de umidade para sobreviver. O musgo-tapete *(Selaginella* spp.) é parente das samambaias, com frondes densas que o tornam útil como forração de solo para terrários ou vasos com outras plantas que necessitem de umidade.

PALMEIRAS

Nenhuma planta captura melhor a sensação aprazível dos trópicos do que a palmeira, e, enquanto algumas espécies populares crescem muito, outras são próprias para arranjos em vaso. As camedóreas são as mais indicadas para cultivo interno. A camedórea-elegante *(Chamaedorea elegans)* recebe meu voto por apresentar tamanho menor, folhas verde-escuras e tolerância a pouca luz e negligência. Vendidas em caixas com mudinhas, elas começam pequenas, mas podem ficar bem altas, crescendo em hastes estreitas. Outras opções são a palmeira-metálica *(C. metallica)* e as palmeiras-bambu *(C. seifrizii, C. microspadix* e *C. erumpens).* Use-as como peça central ou pano de fundo para plantas com folhas de cores vivas. As palmeiras-rápis *(Rhapis* spp.) são caras, mas valem pela ambientação que suas grandes folhas brilhantes e palmadas conferem a arranjos com temas asiáticos ou tropicais. Palmeiras de salão *(Howea* spp.) também aceitam pouca luz e se revelam ideais como peça central impactante em arranjos tradicionais.

As palmeiras citadas aqui necessitam de luz clara indireta e terra úmida para se desenvolverem bem. Retire com uma faca afiada os caules subterrâneos de espécies com touceiras *(Rhapis* spp., algumas *Chamaedorea* spp.) se começarem a encher o vaso.

PEPERÔMIAS

Se você possui uma planta com folhas cerosas e não sabe sua identidade, provavelmente ela é uma peperômia, parente da pimenta-do-reino. Trata-se de uma planta muito versátil para arranjos em vasos, especialmente em grupos menores, que permitem valorizar seus diversos tamanhos e formas. Há três grupos mais ou menos definidos com diferentes hábitos: as rasteiras, as eretas e as agrupáveis. A erva-de-vidro (*Peperomia rotundifolia*) constitui uma das espécies rasteiras e um acréscimo perfeito para terrários e arranjos muito pequenos. Outros cultivares e espécies de peperômia são a verde-clara 'Isabella', a peperômia-filodendro e a *Peperomia glabella*.

As eretas variam de arbustivas e grandes a pequenas e delicadas. A *P. obtusifolia* é uma que você já deve ter visto, e na forma variegada. Suas folhas com 5 cm de largura em hastes cheias proporcionam um bom preenchimento para arranjos maiores, mas a planta também pode ser usada como ponto focal no centro de um arranjo com texturas mais finas. A esguia e ereta 'Bianco Verde' exibe folhas verde-escuras em hastes avermelhadas e oferece um lindo contraste ao conjunto.

As peperômias agrupáveis são populares pelos aglomerados de folhas texturizadas, especialmente no caso da *Peperomia caperata* e seus cultivares. A 'Ripples' é uma dessas, com folhas metálicas onduladas como batatas chips feitas de bronze. A peperômia-melancia (*P. sandersii*) revela folhas em forma de lágrima e com um padrão que lembra a casca de melancia.

Ao contrário do que dizem muitos livros sobre plantas, nem todas as peperômias vêm da floresta tropical. As variedades suculentas são engraçadas porque têm folhas com áreas translúcidas que se destacam quando expostas à luz. A peperômia-vermelha (*P. graveolens*) apresenta folhas gordas com laterais inferiores vermelhas. A 'Peppy' também pertence a essa categoria versátil, mas possui folhas verde-claras e alongadas que se assemelham a vagens.

FILODENDROS E POTHOS

Os filodendros são divididos em dois grupos para os objetivos deste livro: os do tipo trepadeira e os que crescem em torno de si mesmos. Somente o filodendro trepadeira é adequado para a maioria dos arranjos, já que os outros são muito grandes e exuberantes. O filodendro-brasil (*Philodendron hederaceum*), uma planta com pequenas folhas verdes em forma de coração, aparece em cultivares como o preto aveludado 'Micans' e o verde-limão dourado 'Aureum', tornando-se versátil para inúmeros esquemas de cores. Os filodendros que crescem em torno de si mesmos tendem a formar uma roseta concentrada de folhas grandes e muitas vezes coloridas. O 'Black Cardinal' revela folhas pretas brilhantes, o 'Moonlight' é verde-limão e o 'Prince of Orange'

continua na p. 48

produz folhagem nova de um laranja vivo, que se torna verde com a idade. Os filodendros de folhas recortadas (*Philodendron bipinnatifidum* e 'Xanadu') são grandes demais e apropriados apenas para arranjos maiores.

As espécies do gênero *Pothos* (*Epipremnum* e *Scindapsus*) são semelhantes aos filodendros do tipo trepadeira, porém mais variadas e amplamente cultivadas. Em geral, distinguem-se dos filodendros pela tendência das folhas a se curvarem lateralmente em vez de simetricamente. A mais comum é a jiboia (*Epipremnum aureum*), com folhas manchadas de dourado e verde, mas há também cultivares muito interessantes, como o verde raiado de branco 'Marble Queen' e o verde-limão 'Neon'. As *Pothos* acetinadas (*Scindapsus pictus* e *S. pictus argyraeus*) são admiradas por suas folhas verde-sálvia cintilantes. A primeira porta folhas pequenas de um verde suave salpicado de prata, a última apresenta folhas grandes com retalhos prata e verde-sálvia.

PLANTAS GRANDES E FRONDOSAS

As plantas desta seção apresentam várias características em comum. Possuem folhas grandes e exuberantes com aparência tropical, crescem em terra úmida e necessitam da luz indireta mais forte que houver na casa. Podem ser combinadas entre si ou com plantas menores que gostem de umidade, como a planta-mosaico (*Fittonia*), a hera-roxa ou a hera-vermelha (*Hemigrafis colorata* e *H. repanda*) e samambaias.

As plantas dos gêneros *Maranta*, *Calathea* e *Stromanthe* são chamadas de plantas rezadeiras por dobrarem as folhas à noite como em oração. A espinha-de-peixe (*Maranta tricolor*) é a mais popular, e suas folhas são pequenas o suficiente para que ela seja incluída como enchimento em arranjos menores. A maranta-cascavel (*Calathea lancifolia* ou *insignis*) é uma das mais fáceis do grupo, pois tolera um grau maior de negligência e baixa umidade. Use-a ao lado de outras plantas altas rezadeiras no centro ou no fundo de arranjos. As vistosas calateias e estromantes (*C. makoyana*, *Calathea cro-* *cata*, *S. sanguina* etc.) merecem ser cultivadas por suas cores e seus padrões intensos, mas requerem umidade elevada (siga os passos da p. 18).

Os gengibres são parecidos com as plantas rezadeiras quanto ao padrão decorativo das folhas e o amor por terra molhada e umidade. O gengibre-concha-variegado (*Alpinia zerumbet variegata*) e os gengibres-pavão (*Kaempferia* spp.) são cultivados sobretudo pelas folhas, mas os gengibres ornamentais também apresentam flores perfumadas em hastes altas e são acréscimos naturais em arranjos do gênero. Café-de-salão é o nome comum para plantas do gênero *Aglaonema*, mas a maioria dos cultivares são bem mais do que apenas verdes. A folhagem verde-escura é em geral pintada com camadas de cinza, vermelho e sálvia. A comigo-ninguém-pode (*Dieffenbachia*) é uma antiga opção que passa despercebida quando plantada em hospitais e shopping centers, mas suas folhas brilhantes e variegadas realmente se sobressaem no centro de folhas mais escuras de um arranjo.

Os lírios-da-paz *(Spathiphyllum)* podem não se mostrar tão vistosos quanto outras plantas desta seção, mas representam contribuições confiáveis e graciosas para qualquer arranjo. São encontrados em lojas de plantas em qualquer época do ano. Muitos os cultivam pela vela branca formada pela espata que envolve as flores, mas as longas folhas de um verde intenso os fazem exuberantes e clássicos, mesmo fora da floração. A aspidistra ou planta-de-ferro-fundido *(Aspidistra)* é assim chamada por suas folhas duráveis e listradas de verde-esmeralda, que permanecem atraentes mesmo se deixadas nas partes mais escuras da casa.

FLORÍFERAS GENEROSAS

As plantas caseiras são cultivadas mais pela folhagem colorida do que pelas flores, porque florações abundantes exigem luz solar e manutenção intensas. Ainda assim, a possibilidade de flores alegres em uma manhã fria de inverno é muito boa para ser desprezada, sem falar que elas dão ao arranjo a impressão de um jardim de verdade.

As lantanas (*L. camara* e *L. montevidensis*) são plantas lenhosas espigadas que florescem quase o ano inteiro, com cachos de flores de 2,5 cm que vão do vermelho ao amarelo e do lavanda ao branco. As variedades rasteiras são as melhores para vasos. As pentas *(Pentas lanceolata)* são plantas pequenas que também florescem, em cores como roxo e rosa. Escolha as menores variedades anãs se for colocá-las na borda do arranjo.

Floríferas eretas, como a camarão-amarelo *(Pachystachys lutea)* e a camarão-vermelho *(Justicia brandegeana)*, podem servir como pontos focais junto de plantas com folhagens ou ser agrupadas com outras que deem flores de textura fina. Arbustos floríferos de folhas pequenas, como a escova-de-garrafa *(Callistemon viminalis*

A Callistemon viminalis 'Little John' garante boas floradas.

'Little John') e a esponjinha (*Calliandra haematocephala* 'Nana'), podem ter os ramos inferiores removidos para se assemelharem a árvores e dar espaço para mais plantas.

Quando se deseja apenas uma explosão temporária de flores, acrescente plantas sazonais de vida curta, como o crisântemo-da-china *(Chrysanthemum morifolium)* e o ciclame *(Cyclamen persicum)*, e substitua-os por outra planta quando começarem a declinar.

As espécies Haworthia *são mais tolerantes à luz fraca do que a maioria das suculentas.*

SUCULENTAS PARA LUZ FRACA

Dentre as suculentas que conseguem viver em luz fraca, as sanseviérias (*Sansevieria*) dominam. Plantas de crescimento lento apresentam maior tolerância à falta de luz do que outras suculentas e têm enfeitado as salas escuras das casas há décadas. A mais comum é a *Sansevieria trifasciata laurentii*, mas não pare por aí! A 'Bantel's Sensation' tem folhas estreitas e é bem listrada de branco, a 'Moonshine' exibe folhagem prateada verde-sálvia e a *Sansevieria cylindrica* é notável por desenvolver folhas tubulares em lugar das comumente achatadas. As do tipo roseta, como a 'Hahnii', são curtas e úteis para preenchimento de crescimento demorado nos arranjos.

As haworthias e as gastérias, suculentas de crescimento lento da África do Sul, oferecem a típica aparência de um cultivo de suculenta, porém aceitam luz mais fraca. As haworthias são um conjunto heterodoxo de cerca de 140 espécies, que engloba desde as folhas limpas e brilhantes da *H. cooperi* até as folhas estreitas verde-escuras listradas de branco da planta-zebra (*H. attenuata*). As gastérias são normalmente identificadas pela tendência a sobrepor as folhas quando jovens, em vez de formar as espirais das haworthias e de outras suculentas. Uma variedade encontrada com facilidade é a língua-de-vaca (*Gasteria bicolor*). Embora tolerem luz indireta, essas plantas se desenvolvem melhor com um pouco de luz solar direta vinda de uma janela face leste ou oeste.

SUCULENTAS PARA SOL DIRETO

Por onde começar? Se contar com uma janela livre voltada para qualquer direção que não a face sul, você pode partilhar a miríade de formas e cores das suculentas amantes do sol. Entre as menores, as echeverias são as mais comuns, e suas rosetas de tons pastel lembram rosas poeirentas. As ervas-pinheiras variam das que têm folhas minúsculas, como a carpete-dourado *(Sedum acre)*, às enormes, como a rabo-de-burro *(Sedum morganianum)* e a dedo-de-moça-rubro *(Sedum rubrotinctum)*. A planta-fantasma *(Graptopetalum)* parece um cruzamento de *Echeveria* com *Sedum* e, às vezes, é de fato hibridizada com elas para criar plantas que exibem o melhor dos dois mundos! As crássulas são variadas e vão da gama das onipresentes plantas-jade às impressionantes folhas empilhadas, quase perfeitamente simétricas, da *Crassula perforata* e da 'Buddha's Temple'. Em sua maioria, são excelentes para projetos com temática subaquática.

Se todas essas plantas lhe pareceram um bando de fracotes, entre no ringue com as canibais cruéis. A pequena faucária-tigrina *(Faucaria)* exibe folhas denteadas inofensivas, mas a bem maior *Dyckia* 'Cherry Coke' tem espinhos ferozes nas folhas duras cor de vinho. Os agaves pontudos estão sempre prontos para uma boa luta, mas use os menores *A. victoriae-reginae* ou *A. parviflora* dentro de casa. Existem outras opções quando se trata de suas correspondentes do outro lado do Atlântico, os aloés. O *Aloe vera* pode ser cultivado em ambientes internos, mas é pegajoso e apresenta folhas pálidas desinteressantes em comparação com as demais espécies de seu arsenal. O *Aloe maculata* é uma excelente peça central quando rodeado por outras suculentas, assim como o aloé-candelabro *(Aloe arborescens)*. Para plantas menores e mais versáteis nesse gênero, procure joias como o rendado *Aloe aristata* e o pequeno e delicado *Aloe humilis*.

O Agave parryi *prefere muita luz solar.*

A Episcia *é uma boa companheira para a aprumada maranta-cascavel.*

PLANTAS PENDENTES E TREPADEIRAS

Nem todas as trepadeiras são próprias para arranjos mistos, e muitas delas se mostram exuberantes demais para conviver com outras plantas. A exótica flor-de-maracujá *(Passiflora)* e a falsa-vinha são plantas maravilhosas, mas precisam de poda frequente e de suportes como treliças ou estacas. Se dispuser de boa umidade, procure trepadeiras como a planta-batom *(Aeschynanthus lobbianus)*, de florescimento intenso, a planta-tapete *(Episcia)* e a columeia-peixinho *(Columnea banksii)*.

A flor-de-cera *(Hoya carnosa)*, que já foi popular pela durabilidade e pelas perfumadas flores cerosas, voltou à moda. Ao lado de outras espécies *Hoya* e de suas parentes, as plantas *Dischidia*, essas epífitas leitosas (sim, leitosas!) estão se tornando comuns em cestas pendentes nas grandes lojas de jardinagem, e com razão. Elas sobrevivem semanas sem água e, se plantadas em substrato para orquídea ou casca de árvore com drenagem livre, podem ser regadas com a frequência que desejar. A melhor mistura consiste de duas partes de substrato para orquídea e uma parte de terra vegetal comum. Se for juntá-las a plantas não epífitas, corrija o solo ao redor com substrato para orquídea para as raízes respirarem. As plantas *Dischidia* são ainda mais epífitas e se desenvolvem melhor em substrato para orquídea, casca de árvore ou musgo esfagno. Mantenha o meio ligeiramente úmido ao toque, permitindo que seque entre uma rega e outra.

Se a umidade for um problema, há outras trepadeiras para escolher. A begônia-morango *(Saxifraga)*, o cacto-macarrão *(Rhipsalis)* e mesmo o clorofito *(Chlorophytum)* exigem cuidados básicos. As plantas que toleram seca na família das tradescâncias dão excelentes plantas pendentes para arranjos ensolarados e são facilmente cultiváveis a partir de mudas. O judeu-errante *(Tradescantia zebrina)* há muito é um dos favoritos para cestas dependuradas, e suas folhas metálicas em roxo, prata e verde-sálvia funcionam bem em arranjos que pedem um pouco de cor. As folhas pontudas do coração-roxo *(T. pallida)* exibem um tom bastante intenso, mas são mais grosseiras e menos ordenadas. Existem até tradescâncias *(T. sillamontana* e *Cyanotis somaliensis)* com folhas verde-sálvia felpudas e suaves ao toque.

LISTAS DE PLANTAS

Como quero que *você* seja capaz de criar as próprias combinações de plantas compatíveis, reuni algumas listas para ajudá-lo a fazer as escolhas certas. As listas estão agrupadas de acordo com algum elemento em comum. Observe que os nomes científicos em geral aparecem em itálico nos livros de jardinagem, mas, para facilitar a leitura, deixei a maioria deles em redondo.

POR USO

PLANTAS CASEIRAS TEMPORÁRIAS

Se você deu um jeito de matar uma destas plantas de curta duração, não se castigue por isso – mesmo não vivendo muito, elas ainda podem ser usadas em arranjos sazonais. Quando a última flor (ou folha) cair, remova completamente a planta, substitua-a por outra e complete com substrato fresco.

- Achimenes
- Begonia (algumas)
- Browallia
- Celosia
- Cineraria
- Chrysanthemum
- Coleus
- Crocus
- Cyclamen
- Dahlia
- Dianthus
- Euphorbia (algumas)
- Exacum
- Freesia
- Fuchsia
- Gardenia
- Gerbera
- Hibiscus
- Hyacinthus
- Impatiens
- Iris
- Jasminum
- Lilium
- Muscari
- Narcissus
- Poinsettia
- Primula
- Rosa
- Senecio
- Sinningia
- Tulipa

Poinsettia

Carambola

PLANTAS CASEIRAS COMESTÍVEIS
Existe coisa melhor do que cultivar frutas exóticas no conforto de sua casa? De ervas como hortelã *(Mentha)* e capim-limão *(Cymbopogon)* a árvores frutíferas como a carambola *(Averrhoa carambola)* e a feijoa *(Acca sellowiana)*, estas plantas vão acrescentar sabor a seus jardins em vasos.

- Ananas
- Capsicum
- Carambola
- Citrus
- Eriobotrya
- Eugenia
- Feijoa
- Ficus carica
- Fortunella

- Glycosmis
- Hylocereus
- Mentha
- Plectranthus (alguns)
- Psidium
- Punica
- Rosmarinus
- Thymus
- Zingiber zerumbet

PLANTAS CASEIRAS PENDENTES E TREPADEIRAS
Coloque estas plantas perto da borda para que possam tombar naturalmente por cima da beirada do vaso. São particularmente indicadas para espaços pequenos e podem ser aparadas quando necessário. Passe-as por treliças na parte de trás dos arranjos para causar ainda mais impacto.

- Aeschynanthus
- Allamanda
- Ceropegia
- Chlorophytum
- Cissus
- Columnea
- Episcia
- Ficus pumila
- Gloriosa
- Gynura
- Hatiora
- Hedera
- Hoya
- Lantana
- Mikania

- Peperomia (algumas)
- Philodendron
- Pilea (algumas)
- Rhipsalis
- Russelia
- Saxifraga
- Scindapsus
- Sedum
- Selaginella
- Senecio
- Setcreasea
- Stapelia
- Tradescantia

Episcia

Schefflera

PLANTAS CASEIRAS ESTRUTURAIS

Estas plantas ousadas e dramáticas e suas folhas grandes muitas vezes criam o impacto do arranjo. Ficam mais bem situadas no centro ou na parte de trás do vaso para não encobrirem as plantas menores da combinação.

- Aechmea
- Agave
- Aglaonema
- Araucaria
- Aspidistra
- Calathea
- Chamaedorea
- Clivia
- Cordyline
- Crinum
- Dieffenbachia
- Dracaena
- Euphorbia (algumas)
- Fatshedera
- Ficus (alguns)
- Heliconia
- Howea
- Monstera
- Pandanus
- Philodendron (ninho-de-ave)
- Rhapis
- Sansevieria
- Schefflera
- Strelitzia
- Vriesea
- Yucca

PLANTAS CASEIRAS ARBUSTIVAS

São úteis nas combinações em vaso por sua versatilidade. Use as menores para preencher o espaço entre outras plantas e deixe que as maiores sejam pontos focais. Graças à distribuição dos galhos, é possível podá-las para lhes dar formas variadas.

- Acalypha
- Achimenes
- Aucuba
- Begonia
- Breynia
- Calliandra
- Callistemon
- Capsicum
- Chrysanthemum
- Citrus
- Cleyera
- Coffea
- Coleus
- Crassula

Acalypha

- Euonymus
- Ficus (alguns)
- Fittonia
- Gardenia
- Hatiora
- Lantana
- Laurus
- Leea
- Nerium (anão)
- Osmanthus
- Pachystachys
- Pelargonium
- Pentas
- Peperomia (algumas)
- Pilea (algumas)
- Pittosporum
- Plectranthus
- Plumbago
- Podocarpus
- Pseuderanthemum
- Radermachera
- Rhododendron
- Schefflera
- Strobilanthes

PLANTAS PARA MINIARRANJOS

Use estas plantas de baixo crescimento como forração nos arranjos ou em minijardins para que pareçam minúsculas plantas de jardim. Algumas, como a grama-japonesa *(Ophiopogon)*, duram bastante, enquanto outras, como a confete *(Hypoestes)*, devem ser substituídas quando começarem a declinar.

- Acorus
- Aloe (alguns)
- Carex
- Crassula
- Cryptanthus
- Davallia
- Faucaria
- Ficus (alguns)
- Fittonia
- Gasteria
- Haworthia
- Hypoestes
- Impatiens
- Nertera
- Ophiopogon
- Mammillaria
- Pellaea
- Peperomia (algumas)
- Pilea (algumas)
- Rhipsalis
- Sagina
- Sansevieria (algumas)
- Saxifraga
- Sedum
- Selaginella
- Senecio (suculentas)
- Solanum
- Tillandsia
- Zephyanthes

Selaginella

PLANTAS CASEIRAS COM TEXTURAS INCOMUNS

- Asparagus plumosus
- Ceropegia woodii
- Cissus discolor
- Cotyledon ladismithiensis
- Cyanotis somaliensis
- Gynura aurantiaca
- Huernia scheideriana
- Kalanchoe tomentosa
- Microsorum musifolium
- Pilea 'Moon Valley'
- Stapelia gigantea
- Tradescantia sillamontana

POR CORES

BRANCAS OU VERDES
- Aspidistra elatior variegata
- Chlorophytum comosum vittatum
- D. amoena
- Dracaena fragrans
- Epipremnum pinnatum
- Ficus benjamina
- Ficus elastica
- Ficus pumila var. 'Variegata'
- Peperomia caperata variegata
- Peperomia magnoliaefolia variegata
- Plectranthus amboinicus 'Variegatus'
- Monstera deliciosa variegata
- Neoregelia carolinae tricolor
- Saxifraga sarmentosa tricolor
- Tradescantia fluminensis
- Tradescantia spathacea

AZUL-ESVERDEADAS
- Aglaonema commutatum
- Alocasia x amazonica
- Aloe variegata
- Anthurium crystallinum
- Aphelandra squarrosa
- Calathea insignis
- Cereus peruvianus monstrose
- Cissus discolor
- Columnea banksii
- Cyanotis somaliensis
- Dieffenbachia amoena
- Dracaena fragrans 'Janet Craig Compacta'
- Ficus benjamina 'Midnight'
- Ficus elastica 'Decora'
- Gasteria bicolor
- Haworthia margaritifera
- Podocarpus macrophyllus
- Sansevieria trifasciata 'Hahnii'
- Sansevieria trifasciata
- Schefflera elegantissima
- Selaginella uncinata
- Vreisea hieroglyphica
- Vriesea splendens

AMARELO FLUORESCENTE OU VERDE-LIMÃO
- Acorus gramineus 'Ogon'
- Alternanthera ficoidea
- Asplenium nidus
- Begonia 'Leopon'
- Cordyline terminalis 'Kiwi'
- Dracaena fragrans 'Limelight'
- Dracaena fragrans lindenii
- Dracaena fragrans 'Massangeana'
- Dracaena reflexa
- Epipremnum aureum 'Neon'
- Ficus benjamina 'Margarita'
- Iresine herbstii aureoreticulata
- Neoregelia cruenta
- Nephrolepis exaltata
- Pedilanthus tithymaloides
- Pelargonium crispum
- Pilea involuncrata
- Philodendron hederaceum
- Selaginella kraussiana 'Aurea'
- Solenostemon scutellarioides

Listas de plantas

VERDE-SÁLVIA OU PRATA

- Aechmea fasciata
- Aglaonema crispum
- Callisia gentlei var. elegans
- Callistemon citrinus
- Cephalocereus senilis
- Cyanotis somaliensis
- Dyckia marnier-lapostollei
- Echeveria elegans
- Episcia cupreata
- Ficus benjamina 'Variegata'
- Ficus elastica 'Schrijveriana'
- Fortunella marginata
- Graptopetalum paraguayense
- Hedera helix 'Eva'
- Kalanchoe tomentosa
- Maranta leuconeura kerchoveana
- Peperomia argyreia
- Peperomia scandens variegata
- Pilea glauca
- Pilea pubescens
- Pittosporum tobira variegata

Graptopetalum

- Scindapsus pictus 'Argyaeus'
- Sedum morganianum
- Tillandsia ionatha
- Tillandsia xerographica
- Tradescantia sillamontana
- Tradescantia spathacea

QUASE PRETAS

- Aeonium arboretum 'Zwartkop'
- Begonia 'Mo Reese'
- Begonia 'Texastar'
- Begonia 'Withlacoochee'
- Cordyline fruticosa
- Cryptanthus 'Black Mystic'
- Cryptanthus zonatus
- Dyckia 'Black Gold'
- Episcia cupreata
- Ficus elastica
- Fittonia albivenis Argyroneura (grupo)
- Hemigraphis alternata 'Exotica'
- Maranta leuconeura massangeana
- Nematanthus 'Tropicana'
- Neoregelia 'Pitch Black'
- Ophiopogon planiscapus 'Nigrescens'
- Orthophytum gurkenii
- Peperomia caperata
- Philodendron melanochrysum
- Pilea involucrata 'Norfolk'
- Schefflera elegantissima

ROXAS OU BRONZE
- Aechmea 'Burgundy'
- Aechmea 'Foster's Favorite'
- Aeonium arboreum 'Atropurpureum'
- Billbergia amoena 'Red'
- Crinum augustum
- Gynura aurantiaca
- Gymnocalycium mihanovichii var. friedrichiiIresine herbstii
- Neoregelia 'Fireball'
- Neoregelia 'Tangerine'
- Philodendron 'Burgundy'
- Strobilanthes dyeranus
- Tradescantia pallida
- Tradescantia zebrina
- Vriesea sucrei

COR-DE-ROSA
- Aglaonema 'Siam Aurora'
- Ananas comosus 'Variegatus'
- Begonia rex 'Pink'
- Breynia disticha 'Roseo-picta'
- Calathea ornata
- Cryptanthus 'Pink Blush'
- Dracaena marginata 'Colorama'
- Echeveria agavoides 'Lipstick'
- Episcia 'Strawberry Patch'
- Ficus elastica 'Ruby'
- Ficus elastica 'Tricolor'
- Hypoestes phyllostachya
- Neoregelia 'Sexy Pink'
- Oxalis 'Plum Crazy'
- Peperomia caperata 'Schumi Red'
- Syngonium 'Regina Red'

Neoregelia

DOURADAS OU LARANJA
- Acalypha wilkesiana
- Aucuba japonica
- Begonia 'Vivaldi'
- Chlorophytum amaniense
- Codiaeum variegatum 'Petra'
- Dracaena surculosa
- Epipremnum aureus
- Neoregelia 'Aztec'
- Oxalis spiralis subsp. vulcanicola
- Pereskia aculeata
- Philodendron 'Prince of Orange'
- Sansevieria trifasciata
- Sansevieria trifasciata laurentii
- Sedum rubrotinctum
- Solenostemon scutellarioides

Listas de plantas

POR NECESSIDADES
PLANTAS FÁCEIS

Estas plantas são muito simples de cultivar e variadas e coloridas o suficiente para que seus arranjos se destaquem. Muitas listadas aqui são especialmente gratificantes porque se multiplicam com facilidade por mudas ou rebentos.

- Aglaonema
- Asplenium (ninho-de-ave)
- Beaucarnea
- Chamaedorea
- Cryptanthus
- Dieffenbachia
- Dracaena
- Epiphyllum
- Epipremnum
- Haworthia
- Hoya
- Peperomia (a maioria)
- Philodendron
- Rhipsalis
- Sansevieria
- Saxifraga
- Scindapsus
- Yucca

PLANTAS MAIS DIFÍCEIS

Estas plantas sedutoras e instigantes são para jardineiros de interiores mais aventureiros. Algumas, como os hibiscos e as gardênias, precisam de muita movimentação de ar e umidade e constituem verdadeiros ímãs para pragas, mesmo quando suas exigências são cumpridas. As plantas-pedra (*Lithops* e *Conophytum*) têm períodos muito específicos de dormência e são conhecidas por desaparecer da noite para o dia se regadas no verão ou no inverno.

- Alocasia
- Begonia (rex)
- Camellia
- Codiaeum
- Conophytum
- Gardenia
- Heliconia
- Hibiscus
- Ixora
- Lithops
- Medinilla
- Selaginella

PLANTAS PARA REGAR MENOS NO INVERNO

A maioria das plantas aceita rega menos frequente no inverno, mas as citadas aqui podem realmente perecer se a terra ficar muito úmida. Várias são suculentas originárias de climas com invernos secos, por isso combine-as com plantas tolerantes à seca, como as listadas em "Plantas Fáceis" ou "Ensolaradas e Secas".

- Adenium
- Aloe (algumas)
- Ceropegia
- Cissus
- Dorstenia
- Echeveria
- Euphorbia (suculentas)
- Huernia
- Jatropha
- Lithops
- Pachypodium
- Pedilanthus
- Plumeria
- Tillandsia

PLANTAS PARA INVERNOS FRIOS

- Aucuba
- Azalea
- Camellia
- Clivia
- Euonymus
- Fuschia
- Hatiora
- Hydrangea
- Pittosporum
- Plumbago
- Podocarpus

Hatiora

PLANTAS QUE PRECISAM DE UMIDADE

- Adiantum
- Alpinia
- Ananus
- Anthurium
- Breynia
- Caladium
- Calliandra
- Cattleya
- Chamaedorea
- Coleus
- Columnea
- Cordyline fruticosa
- Costus
- Davallia
- Dischidia
- Episcia
- Fittonia
- Gardenia
- Hedera
- Hedychium
- Heliconia
- Hemigraphis
- Hoya (algumas)
- Hypoestes
- Ixora
- Lycopodium
- Maranta
- Medinilla
- Musa
- Nematanthus
- Nephrolepis
- Pandanus
- Peperomia (algumas)
- Philodendron (algumas)
- Pilea
- Platycerium
- Plumeria
- Pseuderanthemum
- Pteris
- Sanchezia
- Saintpaulia
- Selaginella
- Strobilanthes
- Tillandsia
- Vanda

Calliandra

Listas de plantas

EPÍFITAS

Este é um grupo de plantas muito especiais, que conseguem sobreviver nas cascas de árvores sem nenhuma terra. Dentro de casa, cultive-as em diversas superfícies, como galhinhos flutuantes, guirlandas de videira, casca para orquídea ou, no caso das *Tillandsias*, penduradas apenas em um barbante. As possibilidades são infinitas!

Há muitas epífitas neste livro, e por uma boa razão. Elas são flexíveis e divertidas! A maioria das bromélias e dos cactos epífitos (*Rhipsalis*, *Hatiora* etc.) pode apenas ser encaixada em qualquer arranjo, com ou sem espaço para raízes. A maioria tolera seca, mas algumas precisam de umidade.

- Aechmea
- Asplenium (ninho-de-ave)
- Billbergia
- Encyclia
- Epidendrum
- Epiphyllum
- Guzmania
- Hatiora
- Hoya
- Neoregelia
- Nidularium
- Oncidium
- Phalaenopsis
- Phlebodium
- Pseudorhipsalis
- Rhipsalis
- Schlumbergera
- Tillandsia
- Vanda
- Vriesea

Epífita

PLANTAS PARA POUCA LUZ

Não são muitas as plantas que se desenvolvem em local mal iluminado, mas as listadas aqui se saem melhor do que as outras. Cultivadas em pouca luz, crescem mais devagar e necessitam menos água, com exceção das samambaias e do musgo-tapete, que precisam de umidade constante.

- Aglaonema
- Aspidistra
- Asplenium
- Chamaedorea
- Davallia
- Epipremnum
- Peperomia
- Philodendron
- Sansevieria
- Selaginella
- Zamioculcas

CLARIDADE E SECA

Embora muitas plantas tolerem seca e falta de luz direta, estas sobreviventes realmente gostam dessas condições.

- Aloe (algumas)
- Aspidistra
- Beaucarnea
- Bromeliad
- Crassula (algumas)
- Cycas
- Dischidia
- Epiphyllum
- Euphorbia
- Gasteria
- Haworthia
- Hoya
- Huernia
- Pedilanthus
- Peperomia
- Rhipsalis
- Sansevieria
- Stapelia
- Yucca

CLARIDADE E UMIDADE

A maioria das plantas caseiras encontra-se nesta categoria: expostas a luz clara indireta e cultivadas em substrato orgânico molhado com constância (apesar de algumas tolerarem seca por período maior).

- Acorus
- Aeschynanthus
- Agapanthus
- Aglaonema
- Alocasia
- Alpinia
- Ananus
- Anthurium
- Aphelandra
- Araucaria
- Ardisia
- Asparagus
- Aspidistra
- Asplenium
- Aucuba
- Begonia
- Beaucarnea
- Blechnum
- Bulbine
- Caladium
- Calathea
- Camellia
- Carissa
- Caryota
- Cattleya
- Chirita
- Chlorophytum
- Cissus
- Citrus
- Clerodendrum
- Coffea
- Coccoloba
- Cordyline
- Costus
- Crinum
- Crossandra
- Ctenanthe
- Cuphea
- Curcuma
- Cycas
- Cyclamen
- Cymbidium

Cyclamen

- Cyperus
- Cyrtomium
- Davallia
- Dypsis
- Echeveria
- Epiphyllum
- Epipremnum
- Eucomis
- Fatshedera
- Fatsia
- Ficus
- Fuchsia
- Guzmania
- Gynura
- Hedychium
- Heliconia
- Hemigraphis
- Hippeastrum
- Homalomena
- Howea
- Impatiens
- Jacobinia
- Justicia
- Leea
- Lilium
- Liriope
- Ludisia
- Maranta
- Medinilla
- Mikania
- Mimosa
- Monstera
- Nandina
- Nephrolepis
- Nertera
- Ophiopogon
- Oxalis
- Pachira
- Paphiopedilum
- Pelargonium
- Pentas
- Peperomia
- Phalaenopsis
- Philodendron
- Pilea
- Pittosporum
- Plectranthus
- Plumbago
- Plumeria
- Podocarpus
- Pogonatherum
- Poinsettia
- Polyscias
- Pseuderanthemum
- Radermachera
- Rhipsalis
- Rhododendron
- Rhoeo
- Ruellia
- Saintpaulia
- Sanchezia
- Saxifraga
- Scadoxus
- Schefflera
- Scindapsus
- Soleirolia
- Solenostemon
- Spathiphyllum
- Strelitzia
- Streptocarpus
- Strobilanthes
- Stromanthe
- Syngonium
- Tolmiea
- Vriesea
- Yucca
- Zamioculcas
- Zantedeschia

LUZ SOLAR E SECA

Este é o domínio dos cactos, das suculentas e de outros habitantes do deserto. O substrato para cacto é o ideal e deve ficar seco entre as regas. Alguns preferem condições mais secas no inverno, outros no verão; nesse caso, veja também a lista da p. 60.

- Adenium
- Aeonium
- Agave
- Aloe
- Aporocactus
- Beaucarnea
- Bulbine
- Cereus
- Ceropegia
- Cotyledon
- Crassula
- Dyckia

- Echeveria
- Echinocactus
- Echinopsis
- Euphorbia
- Ferocactus
- Faucaria
- Gasteria
- Graptopetalum
- Gymnocalycium
- Haworthia
- Jatropha
- Kalanchoe (algumas)
- Lithops
- Mammillaria
- Opuntia
- Pachypodium
- Peperomia (folha translúcida)
- Pereskia
- Portulaca
- Portulacaria
- Rebutia
- Sedum
- Senecio
- Yucca

Dyckia

LUZ SOLAR E UMIDADE

A maioria das plantas desta categoria é cultivada por suas flores. Muitas das opções da seção "Claridade e umidade" também se encaixariam aqui, se cultivadas à sombra dessas plantas e próximas a uma janela face oeste ou leste. A transição para a luz mais clara, porém, deve ser feita aos poucos.

Oxalis

- Abutilon
- Acalypha
- Agapanthus
- Allamanda
- Ananus
- Bougainvillea
- Bulbine
- Callistemon
- Carissa
- Coccoloba
- Curcuma
- Dyckia
- Epidendrum (haste floral)
- Euphorbia milii
- Iresine
- Ixora
- Jasminum
- Kalanchoe
- Lantana
- Mimosa
- Nandina
- Nerium (água moderada no inverno)
- Oxalis
- Punica
- Serissa
- Solenostemon
- Strelitzia
- Strobilanthes
- Tradescantia (menos no inverno)
- Yucca (menos no inverno)

Listas de plantas

COMO USAR ESTE LIVRO

Para ensinar a fazer os arranjos deste livro, utilizei a abordagem das receitas de culinária, com lista de ingredientes e modo de preparo. Cada receita traz indicações de luz, solo e umidade do ar. Apresento também dicas especiais para o plantio, a rega, a fertilização e o controle de pragas.

O QUE É A LISTA DE COMPRAS?

A lista de compras traz os ingredientes necessários para a receita, incluindo o tipo de substrato, o tamanho do vaso, toques decorativos, corretores e, é claro, as plantas. Primeiro, apresento o número de plantas necessário, seguido de seus nomes comuns e científicos, com o cultivar específico, híbrido ou variedade que possa acompanhá-los. As letras ao lado referem-se ao "diagrama de plantas", que mostra a disposição delas no vaso.

E SE EU NÃO ENCONTRAR AS PLANTAS?

Não se preocupe! Se não conseguir encontrá-las em lojas de plantas ou viveiros on-line, consulte a lista de opções de plantas que acompanha cada receita, onde são indicadas alternativas para o arranjo. Há também uma lista de plantas que começa na p. 53, para que possa fazer as próprias combinações. Não tenha medo de se desviar da receita!

NECESSITO DE PLANTAS DE QUE TAMANHO?

Vasos para arranjos têm tamanhos variados, e, diferentemente dos canteiros de jardins, é difícil dizer o espaço que sua planta ocupará ao se desenvolver. Sempre que possível, escolha plantas menores, porque, além de mais baratas e versáteis, elas preenchem espaços vazios e – fator mais importante – cabem em grande número no vaso. Adapte as receitas de modo que possa distribuí-las e oferecer um visual completo a seu jardim.

Escolha plantas que se complementem para compor seu jardim em vaso.

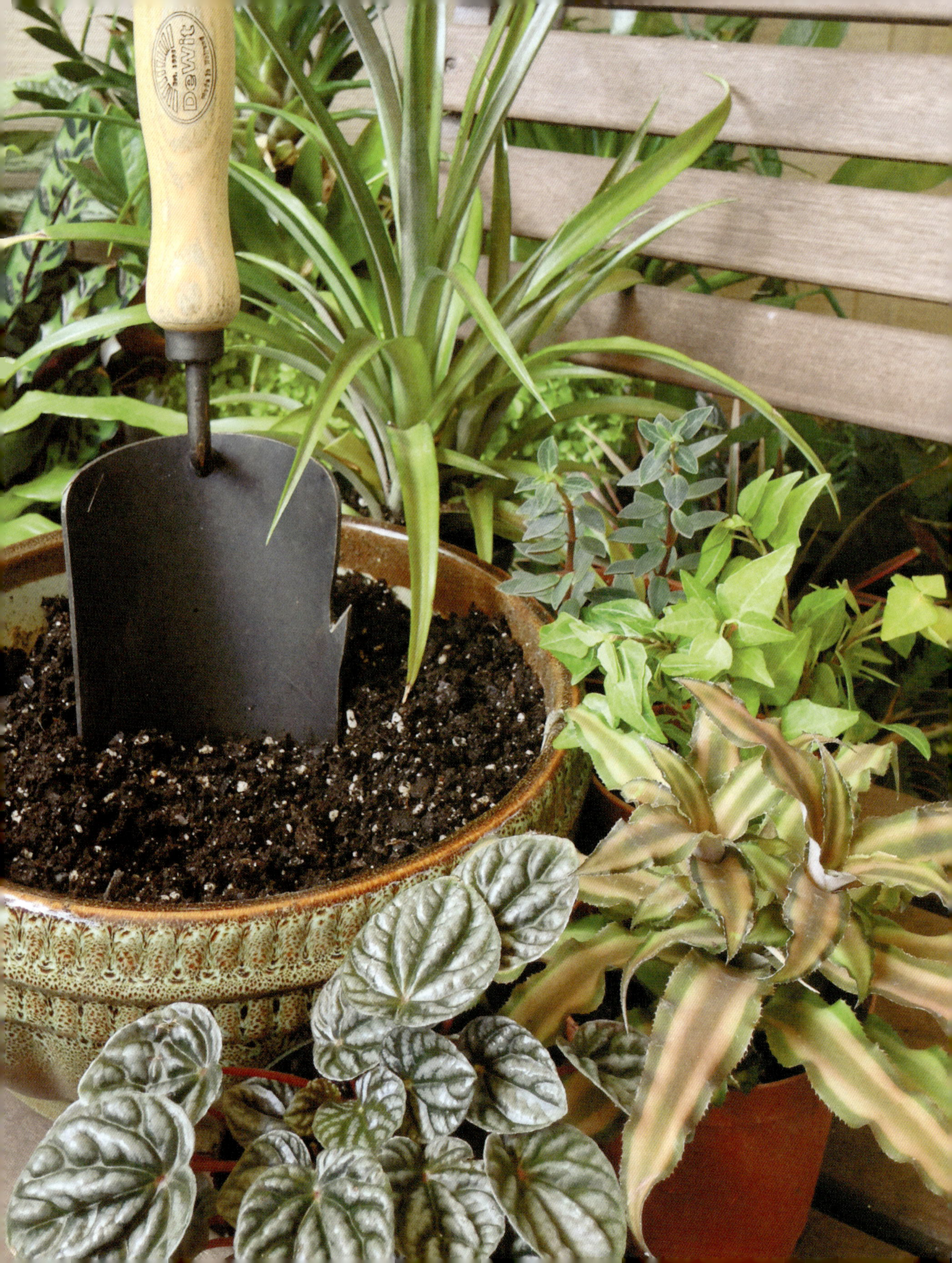
DeWit

AS RECEITAS

Está pronto para começar? Então, use estas ideias e sua inspiração para criar arranjos artísticos de jardins interiores. Se for do tipo que compra a roupa que está no manequim da vitrine, siga minuciosamente as receitas e vá à caça de cada uma das plantas na loja especializada ou on-line (p. 170) para recriá-las com fidelidade. Caso seja daquelas pessoas que montam o próprio figurino, analise os exemplos e dê início a suas interpretações criativas. Só não deixe de ler as descrições, porque nelas há muitas informações úteis. Veja a seguir alguns dos fatores que levei em conta ao fazer os arranjos.

Desenvolvimento: Eu testei todas as receitas deste livro, por isso ofereço conselhos específicos a cada uma e a suas plantas. Inclusive cultivei muitos destes arranjos em casa ao longo de diversos meses para poder dizer como as plantas se desenvolvem juntas. Em vários casos, os arranjos ficam melhores com o tempo, mas também indico quais precisam ser trabalhados no futuro.

Tamanho: As plantas são comercializadas em vasos de todos os tamanhos, por isso desenvolvi receitas flexíveis que possam ser realizadas com o que estiver disponível. Se tiver uma planta caseira muito grande para o espaço do arranjo, tente dividi-la ou corte mudas. Se quiser a aparência de uma planta maior, combine duas ou três plantas menores.

Compra: Outra diferença em relação às plantas para jardim externo é que há uma seleção bem menor de plantas caseiras à venda. A fim de facilitar sua vida, apresentei substituições para cada receita e incluí uma lista de plantas compatíveis. Se levar este livro às lojas e mostrar aquela de que está precisando, normalmente vão encomendá-la para você.

Cultivo: Cada receita é diferente, e algumas precisam de cuidados especiais. Toda entrada tem instruções específicas em relação a luz, umidade do ar, temperatura e outras exigências. Informo não apenas onde os arranjos se desenvolvem melhor, mas também onde eles *sobressaem* e como realçá-los na decoração original de sua casa.

De volta à moda

LUZ	UMIDADE DO SOLO	UMIDADE DO AR
Fraca a clara	Média a alta	Média a alta

Lista de compras

- Vaso grande
- Substrato comum
- Fibra de coco
- **A** 1 lírio-da-paz *(Spathiphyllum wallisii)*
- **B** 1 calateia *(Calathea makoyana)*
- **C** 1 jiboia-marmorizada *(Epipremnum aureum)*

Opções de plantas

Substitua a calateia por uma de suas parentes se não encontrá-la na loja. Calathea ornata, Maranta tricolor e Maranta leuconeura têm padrão semelhante e são boas escolhas. O lírio-da-paz pode ser substituído pelo café-de-salão (Agloenema), e a jiboia-prateada é uma alternativa para a jiboia-marmorizada.

Plantas caseiras entram e saem de moda, mas algumas nos fazem lembrar tendências do passado, como o macramê e o kitsch havaiano. Então, como tornar interessantes plantas ultrapassadas e monótonas, a exemplo do lírio-da-paz e da jiboia? Colocando-as em um vaso bonito e acrescentando algum detalhe especial para ressaltá-las, é claro! A *Calathea makoyana* é uma parente espetacular da planta rezadeira, com folhas listradas chamativas verde-escuras e cor de sálvia, além de estampa que combina com os motivos do vaso de cerâmica e o formato das folhas do lírio-da-paz. As linhas fortes fazem os olhos se moverem por toda a composição, enquanto o esquema de cores equilibrado transmite uma sensação agradável e refinada. O lírio-da-paz, com sua bela flor envolta em velas graciosas, e a jiboia não se destacam, mas certamente contribuem para o conjunto. Cada planta desempenha seu papel para formar um arranjo elegante que nunca sai de moda.

Como a maioria das plantas *Calathea*, esta ama umidade no solo e no ar. Acrescente fibra de coco ao substrato para manter a umidade do solo entre as regas e providencie boa umidade do ar colocando o vaso em um banheiro bem iluminado ou borrifando-o de vez em quando. Retire as flores do lírio-da-paz e da calateia quando estiverem marrons e pode a jiboia se ela sair do controle.

As receitas 71

Felicidade balinesa

LUZ	UMIDADE DO SOLO	UMIDADE DO AR
Clara a solar	Média	Média a alta

Lista de compras

- Vaso bem grande
- **A** 1 coqueiro-de-vênus (*C. fruticosa* cv.)
- **B** 2 rabos-de-peixe *(Nephrolepsis biserrata)*
- **C** 3 moisés-no-berço (*Rhoeodiscolor*)
- **D** 1 bromélia (*Neoregelia* híbrida)

Opções de plantas

O rabo-de-peixe pode se tornar muito grande, por isso, se tiver pouco espaço, prefira um substituto menor. Quase todas as samambaias servem, mas a samambaia pé-de-coelho (*Davallia* spp.) e as avencas em geral (*Adiantum* spp.) recebem meu voto por sua folhagem delicada e por combinarem com a hera-roxa.

Sempre fui apaixonado pelos jardins do paisagista balinês Made Wijaya e achei que seria divertido emprestar um pouco da inspiração tropical a um jardim em vaso. Este arranjo pode não receber nenhum prêmio por originalidade, mas ainda me faz lembrar uma foto que vi dos jardins projetados por Wijaya para o Hyatt de Bali, cobertos por grandes faixas de forração colorida, com explosões entusiásticas de coqueiros-de-vênus e agaves espalhados por todos os lados. Incluí coqueiros-de-vênus e moisés-no-berço em minha versão, mas também acrescentei samambaias para transmitir a exuberância da floresta tropical balinesa. Antes, porém, segue uma advertência: o rabo-de-peixe plantado na parte de trás pode ficar muito, muito grande se lhe for dado espaço suficiente. Para entender o quão enorme ele se torna, volte à p. 23 ou olhe na jardineira no fundo desta foto, que oferece uma visão do futuro. É a mesma samambaia com o mesmo coqueiro-de-vênus, fotografados anos depois de plantados e de terem engolido toda a área com suas adoráveis folhas verde-maçã. Em combinação com o rabo-de-peixe, plantei avencas intercaladas aos moisés-no-berço que transbordavam do vaso.

Se há alguma coisa que essas plantas necessitam é umidade. Em um vaso grande assim, é mais fácil garantir a umidade em estufa, solário ou banheiro bem iluminado. Caso contrário, lide com folhas marrons e crespas até a primavera, quando o arranjo inteiro pode ser levado para um local com sombra, fora de casa. Ácaros às vezes são um problema nos coqueiros-de-vênus em ar seco. Previna e remova-os passando um pano úmido sobre cada folha sempre que a poeira começar a acumular. Retire as folhas de baixo conforme ficarem marrons, porque as axilas da folha às vezes abrigam pragas. Se as samambaias se tornarem incontrolavelmente grandes, corte-as até uns 5 cm acima do colo e divida-as com uma faca afiada, repondo a terra depois da remoção.

As receitas 73

Vaso transbordante

LUZ	UMIDADE DO SOLO	UMIDADE DO AR
Clara	Média a alta	Média a alta

Lista de compras

- Vaso médio
- Substrato comum
- **A** 2 flores-de-coral
  (*Russelia equisetiformis*)
- **B** 2 samambaias-vitória
  (*Pteris ensiformis victoriae*)

Opções de plantas

Essas duas plantas ficam bonitas juntas, mas têm preferências de luz diferentes. Para localização ensolarada, substitua a samambaia-vitória por cufeia (Cuphea) *ou camarão* (Justicia brandegeana). *Em um cultivo com mais sombra, substitua a flor-de-coral por uma samambaia do tipo* Nephrolepis exaltata *ou* Selaginella uncinata.

Se ter um arranjo deste tipo em casa não é tão bom quanto ter uma cascata de água, certamente só perde para isso. Samambaias prateadas parecem se espalhar para todo lado, enquanto as flores-de-coral caem da borda com flores vermelhas em forma de pequenos pontos de exclamação tubulares. As hastes coloridas da flor-de-coral são interessantes por si mesmas, e não é incomum encontrar cores que vão do verde-escuro ao verde-limão ou rosa, tudo na mesma planta. Diferentemente de muitos outros arranjos deste livro, este não tem um ponto focal evidente, apenas o arranjo em si, transmitindo serenidade, apesar das plantas fortes que o compõem. Leve o vaso para fora no verão para se deliciar com a visão dos beija-flores pairando sobre ele e sugando as flores, ou apenas para conferir uma sensação de calma à área externa. Prefiro a aparência limpa e tranquila destas duas plantas, mas se quiser mais emoção, transforme a cascata em fogos de artifício acrescentando uma dracena como peça central dinâmica.

Dê a estas plantas aladas luz clara indireta e umidade constante. A samambaia necessita de umidade, mas pode ser excluída em ambientes mais secos. A flor-de-coral pode desenvolver hastes longas, chegando até o chão. Você pode cortar as mais compridas na base, transpor as plantas para um vaso maior ou simplesmente apreciar o vaso transbordar até o chão como uma cascata de fogos de artifício. Como acontece com a maioria das plantas que dão flor, esteja preparado para recolher as pétalas que caírem. Coloque a jardineira sobre uma superfície sólida de ladrilho, madeira ou pedra para que as pétalas caídas formem um tapete vermelho brilhante. Para manter as flores-de-coral florescendo por anos depois de plantadas, adube com potássio.

As receitas 75

Beleza bordô

LUZ	UMIDADE DO SOLO	UMIDADE DO AR
Clara a solar	Baixa a média	Média

Lista de compras

- Vaso grande
- Substrato para cacto
- **A** 3 bromélias-bola-de-fogo (*Neoregelia* 'Fireball')
- **B** 1 bromélia-palito-de-fósforo-listrada (*Aechmea gamosepala*)
- **C** 3 ouriços-do-mar (*Sedum lineare* 'Sea Urchin')

Opções de plantas

As bromélias-bola-de-fogo podem ser substituídas por outras da mesma família, mas procure as que tenham pequenas rosetas e hábito de crescimento estolonífero. A 'Zoe' é semelhante, mas apresenta listras mais claras em direção ao centro de cada folha. O ouriço-do-mar pode ser substituído por outra suculenta com folhas prateadas ou cor de sálvia, e a aparência arquitetônica da bromélia-palito-de-fósforo-listrada pode ser obtida com uma suculenta maior, como o agave ou o aloé.

Se precisar escolher uma bromélia para seus arranjos, aconselho que considere a *Neoregelia* 'Fireball', que tem capacidade de se metamorfosear, mantendo apertadas as rosetas bordô quando cresce em um beiral ensolarado ou revertendo-as em folhas verdes brilhantes e abauladas se exposta a menos luz. Ela não só altera a cor e a forma para se ajustar ao ambiente, como também aceita de terra úmida a nenhuma terra e pode ser cultivada com quase todas as plantas mais sedentas. Para exibir melhor a cor intensa que assume quando cultivada no sol, eu a uso como pano de fundo de outra bromeliácea, a listrada de branco *Aechmea gamosepala*. Se as folhas variegadas não estiverem interessantes o suficiente, espere até que a planta produza flores rosa e azuis em forma de palito de fósforo em hastes compridas! Uma cobertura de *Sedum* 'Sea Urchin' repete a cor e o padrão da bromélia listrada, e o vaso largo vermelho-escuro combina lindamente com as bromélias-bola-de-fogo e também com estilos tradicionais de decoração de interiores.

A manutenção deste grupo de epífitas e suculentas é muito simples, mas você deve colocar o arranjo sobre uma superfície que possa ficar um pouco úmida, porque as bromélias-bola-de-fogo pendentes precisarão de água em cada uma de suas conchas – use um borrifador para facilitar. As bromélias vão crescer livremente para os lados, mas, se preferir, oriente-as para cima com estacas ou uma treliça. De qualquer modo, vão produzir pequenas flores roxas nos vasos antes de formarem novos brotos. Enraíze brotos e mudas de cada planta quando quiser, seguindo as instruções da p. 37. Na verdade, a adubação torna as cores menos intensas, mas, se as bromélias começarem a perder o vigor, alimente-as com um fertilizante instantâneo para orquídeas diluído em água (use metade da quantidade recomendada) ou com terra de compostagem também diluída em água.

As receitas 77

Café com leite

LUZ	UMIDADE DO SOLO	UMIDADE DO AR
Solar	Média	Baixa

Lista de compras

- Vaso bem pequeno
- Substrato para cacto
- **A** 1 lágrimas-de-rainha (*B. hoelscheriana*)
- **B** 1 aloé-peito-de-perdiz (*Aloe variegata*)
- **C** 1 echeveria (*Echeveria elegans*)
- **D** 1 ouriço-do-mar (*Sedum lineare* 'Sea Urchin')

Opções de plantas

*Ambas as plantas são suculentas, mas a tapete-ouriço-do-mar sofre com períodos longos de seca e o aloé-peito-de-perdiz é sensível à rega excessiva. Para evitar problemas, substitua o aloé pela versátil planta-zebra haworthia. Se preferir molhar menos, use rosário (*Senecio rowleyanus*) em vez de tapete-ouriço-do-mar.*

Minha mãe me ensinou que, para se tornar um artista bem-sucedido, é preciso criar um quadro que combine com o sofá. A obra pode ser chocante e provocativa, mas, se não fizer bonito na casa de alguém, você continuará a passar fome. Estes artísticos jardins internos seguem a mesma regra – a diferença é que você estará preocupado em combinar o arranjo apenas com o próprio sofá. É bastante fácil combinar uma amostra de tinta bronze ou sálvia com seu quadro favorito, mas encontrar plantas nessas cores sutis se mostra bem mais difícil... ou assim você imagina. As bromeliáceas e as suculentas são tão incrivelmente variadas que não tive problema algum em formar uma paleta perfeita de cores suaves e padrões ondulados. As sarapintadas lágrimas-de-rainha dão a impressão de terem sido desenhadas para o vaso de madeira reciclada, e as listras brancas e as estrias do tapete-ouriço-do-mar e do aloé combinam muito bem com a cor da echeveria, que ocupa a frente e o centro. Olhe mais de perto e veja que as estrias onduladas do aloé formam um dueto com as do vaso de madeira. Algumas vezes, entretanto, a aparência não é tudo.

A menos que use alguma das substituições acima, este arranjo é bastante complexo em comparação com outros deste livro. A chave do sucesso é deixar a terra seca entre as regas – mas não por muito tempo. Se usar um vaso pequeno como eu, terá de remover brotos de vez em quando para evitar que o recipiente fique muito apinhado – ou escolha um vaso maior e preencha os espaços entre as plantas com uma forração decorativa de areia ou pedras. A drenagem se revela um fator importante quando o aloé está envolvido, por isso é primordial que o vaso tenha um buraco de drenagem para a água não ficar estagnada em volta das raízes. Se você for um regador compulsivo, rodeie as raízes com perlita para mantê-las secas.

As receitas   79

Brisa caribenha

LUZ	UMIDADE DO SOLO	UMIDADE DO AR
Solar	Média	Média

Lista de compras

- Vaso grande
- Substrato comum
- **A** 1 uva-da-praia (*Coccoloba uvifera*)
- **B** 2 bulbines (*Bulbine frutescens*)
- **C** 1 lantana-pendente (*Lantana montevidensis*)

Opções de plantas

*Não achou uva-da-praia? Não se preocupe! Procure uma palmeira que tolere sol. A tamareira-de-jardim (*Phoenix spp.*) e a palmeira-do-mediterrâneo (*Chamaerops humilis*) capturam a aparência praiana e se desenvolvem no mesmo sol que essas flores necessitam. Se não conseguir a lantana-pendente ou a roxa, use a lantana-cambará.*

Para muita gente, o cenário de uma praia caribenha constitui-se de uma rede pendurada entre dois coqueiros, mas, se perguntar a um viajante experiente qual a árvore mais notável da região, provavelmente a resposta será a esplêndida uva-da-praia. Ela pode não se encaixar nos clichês difundidos por músicas que falam de margaritas ou pelos filmes de piratas, mas as praias desde o centro da Flórida até o norte da América do Sul são reconhecidas pelas dunas forradas de suas folhas arredondadas. Essas árvores se prestam para inúmeras utilidades nos trópicos: madeira densa apropriada para móveis e construções; folhas redondas do tamanho de pratos com textura coriácea, que já foram usadas como cartão-postal; e "uvas" doces empregadas para fazer vinho e geleias. Mesmo que dificilmente a planta frutifique dentro de casa, você ainda pode apreciar suas folhas verde-maçã com veios de um vermelho vivo. Para completar o ar de praia, plantei uma gramínea com aparência de suculenta chamada bulbine. Uma lantana-roxa finaliza o arranjo praiano e contrasta com as flores laranja da bulbine.

A uva-da-praia desenvolve-se em substrato orgânico comum, mas uma forração de areia e conchas é um belo toque decorativo. Ainda que a planta se recupere bem da seca e não precise de muita adubação, proporcionar um cuidado extra vale a pena. Mantenha a terra do vaso úmida e adube de vez em quando para conservar a aparência. Pode com certa frequência. A fim de abrir espaço para outras plantas, remova as folhas de baixo e deixe que a uva-da-praia cresça até a altura desejada antes de cortar as pontas em desenvolvimento. A *Lantana* e a *Bulbine* não exigem muitos zelos, mas suas flores caem regularmente, por isso cultive-as fora de casa, onde o vento possa carregar as flores caídas; caso contrário, prepare-se para fazer o trabalho todo sozinho.

As receitas 81

Trufa de chocolate

LUZ	UMIDADE DO SOLO	UMIDADE DO AR
Clara	Média	Média a alta

Lista de compras

- Vaso bem pequeno
- Substrato comum
- **A** 2 estrelas-da-terra (*Cryptanthus* 'Pink Star')
- **B** 1 peperômia *(Peperomia caperata)*
- **C** 2 peperômias *(Peperomia sandersii)*

Opções de plantas

A principal atração deste arranjo é a folhagem escura, mas, se não encontrar peperômias, recorra a plantas mais comercializadas, como hera-roxa e vermelha (Hemigraphis *spp.) ou planta-alumínio* (Pilea). *A* Cryptanthus *é facilmente substituída pela planta-mosaico-rosa* (Fittonia) *ou pela confete* (Hypoestes), *mas mantenha a terra úmida.*

Ao longo do livro pretendo criar diferentes esquemas de cor por meio de combinações variadas de plantas, já que não existe uma forma de misturá-las para obter novos tons como fazemos com as tintas. Uma vantagem, no entanto, é que as plantas conseguem misturar as cores por si mesmas. Por exemplo, veja como a *Peperomia sandersii* deste arranjo apresenta uma bela coloração amalgamada de marrom-chocolate. Um artista saberia que para produzir o marrom é preciso combinar vermelho com verde, e é isso que as plantas fazem. Olhe bem de perto as folhinhas da peperômia e perceba que a parte de cima delas é de um verde-escuro monótono, enquanto as hastes e a parte de baixo exibem um tom vinho intenso. O pigmento vermelho ajuda a planta a absorver as radiações mais verdes da luz na floresta tropical, mas para nós o benefício é estritamente ornamental. Para entender o que quero dizer, posicione-se a alguma distância das peperômias e observe como os tons de verde e vermelho se misturam para formar o marrom cor de mogno. Segure o vaso contra um móvel escuro e veja por si mesmo. As peperômias não são as únicas detentoras desse truque, e as listras marrons da estrela-da-terra rosa funcionam praticamente da mesma forma.

Ao reunir essas cores, plante as estrelas-da-terra com suas folhas serrilhadas por último, a fim de não machucar inadvertidamente as frágeis folhas das peperômias. As peperômias gostam de um pouco de umidade no ar, por isso coloque o vaso em uma bancada da cozinha ou do banheiro, perto da pia. Permita que a terra seque entre as regas. Solo constantemente úmido faz apodrecer os caules das peperômias, mas, se a terra ficar seca por muito tempo, os caules se vergam. Se as cores começarem a desbotar e voltarem à coloração verde, leve o vaso para um local com mais claridade.

As receitas 83

Loucuras em um recife de coral

LUZ	UMIDADE DO SOLO	UMIDADE DO AR
Clara a solar	Baixa	Baixa

Lista de compras

- Substrato para cacto
- Conchas decorativas e pedras de vidro
- **A** 1 cacto enxertado (*Gymnocalycium mihanovichii* f. *rubra*)
- **B** 4 estrelas-da-terra (*C. bromelioides tricolor*)
- **C** 1 cacto-macarrão-coral (*Rhipsalis cereuscula*)
- **D** 1 dragão-vermelho (*Huernia schneideriana*)
- **E** 1 crássula (*Crassula muscosa pseudolycopodiodes*)

Opções de plantas

Há muitas suculentas que parecem pertencer ao mar. A Euphorbia *crespa enxertada assemelha-se muito ao coral-cérebro, assim como o cacto-vela monstruoso (*Cereus peruvianus *'Monstrosus'). Se preferir, porém, escolha suculentas com cores e formatos que não pareçam plantas e evite qualquer espécie de folhas óbvias, que quebrem a ilusão.*

Não existe estilo de decoração que não possa ser valorizado com plantas. Minha sala de visitas ostenta uma intensa vibração aquática, com tons de água-marinha e coral, por isso variedades com folhas típicas pareceriam deslocadas. Felizmente, há plantas com todas as aparências. Neste arranjo, as estrelas-da-terra lembram estrelas-do-mar, e mergulhadores podem até compará-las a pólipos de coral. O dragão-vermelho produz pequenas flores cor de vinho que também se parecem com estrelas-do-mar, mas, quando não está florescendo, recorda algo entre um galho de coral e um tentáculo errante. Um cacto enxertado roxo poderia ser confundido com um ouriço-do-mar, pelo menos até florescer e produzir flores aladas de um rosa vivo como os penachos de um colorido verme marinho emplumado. Para criar a aparência da vegetação do fundo do mar, incluí espinho-de-princesa e cacto-macarrão. Observe-os por um bom tempo e eles parecerão agitar-se em correntes marítimas imaginárias. Coloque o vaso perto de um aquário, em uma sala decorada com motivos náuticos, ou como centro de mesa ao lado de um coquetel de camarão.

Cuidar destes seres naturalizados é bem mais fácil do que manter um aquário com água salgada – e não requer muita água. Como o vaso é raso e o substrato para cacto drena rapidamente, talvez seja necessário regar mais vezes. Se secar muito depressa, substitua-o por substrato comum ou acrescente fibra de coco. Luz direta não é indispensável, mas ajuda. As plantas da foto foram cultivadas sem luz solar direta e ainda se mostram atraentes, mas um local ensolarado garante tons de rosa mais vivos para as estrelas-da-terra e conserva as outras plantas cerradas e compactas. A única espécie que realmente necessita de luz direta é a espinho-de-princesa, para que não assuma uma forma magricela ou atraia pragas.

As receitas 85

Espuma do mar coral

LUZ	UMIDADE DO SOLO	UMIDADE DO AR
Solar	Baixa	Baixa

Lista de compras

- Vaso médio-largo
- Substrato para cacto
- Bloco de cracas
- **A** 3 cordas-de-bananas *(Senecio radicans glauca)*
- **B** 2 graptoverias *(×Graptoveria* 'Bashful')
- **C** 4 dedos-de-moça-rubros *(Sedum rubrotinctum* 'Aurora')
- **D** 1 crássula-rosa *(Crassula marginalis rubra variegata)*
- **E** 2 plantas miméticas rosa *(Anacampseros telaphiastrum variegata)*
- **F** 1 echeveria *(Echeveria* 'Lola')

Opções de plantas

As melhores suculentas para este vaso não se parecem com seres marinhos individualmente, mas ganham essa característica quando agrupadas. Para obter o efeito de um recife de coral, escolha suculentas coloridas com folhas bem juntas, como as espécies de Crassula, Echeveria *e* Sedum. *Elas ficam ótimas mesmo sem as cracas!*

Muitas vezes, as plantas mais impressionantes são as que exibem um visual pouco vegetal. Vindas de planaltos secos, desertos, praias e mesmo de copas de árvores, as suculentas têm preenchido quase todos os nichos possíveis com caules carnudos e folhas programadas para reter água e se misturar com o ambiente. As usadas neste arranjo parecem querer se juntar ao agito de um recife de corais. O acréscimo de cracas leva o arranjo para dentro do mar, tornando as coloridas suculentas ainda mais aquáticas. Você pode adicionar outros objetos divertidos, como esculturas de peixes ou um punhado de contas de vidro. Se usar conchas, corais ou cracas, desinfete-os em uma solução de alvejante, enxágue-os e seque-os à sombra. Enquanto eu escolhi suculentas com folhas verdes e rosa para combinar com o vaso e as cracas, você só está limitado pela seleção que encontrar na loja de plantas e por sua imaginação. Plante as cordas-de-bananas perto das laterais para que as folhas possam pender por cima da borda, e não sobre as plantas. O perfil discreto deste arranjo faz dele excelente escolha para uma decoração de mesa criativa; assim, exiba-o quando tiver convidados para o jantar!

Para produzir um arranjo com mais impacto, posicione as plantas tão próximas quanto possível umas das outras; insira as miméticas no intervalo entre as suculentas maiores, onde se beneficiarão da sombra. Quando as plantas crescerem demais, desbaste-as cortando mudas. Para evitar que caia terra nas suculentas ao plantá-las, comece pelos lados e acrescente colheradas pequenas de substrato enquanto trabalha. Reserve ao arranjo um local com luz solar e clara e regue-o apenas quando a terra tiver secado por completo.

As receitas 87

Colega de trabalho

LUZ	UMIDADE DO SOLO	UMIDADE DO AR
Fraca a clara	Média	Média a alta

Lista de compras

- Vaso pequeno
- Substrato comum
- **A** 1 bromélia (*Vriesea sucrei* híbrida)
- **B** 2 dracenas-douradas-da-flórida (*Dracaena surculosa*)
- **C** 1 jiboia-prateada (*Scindapsus pictus*)

Opções de plantas

Se não encontrar bromélia de folhas roxas, use outra planta ereta da mesma cor, como a Calathea makoyana *ou a* Calathea insignis. *Se plantar uma delas, mantenha o solo úmido o tempo todo. A jiboia-prateada pode ser substituída por outra planta pendente de folhas escuras, como a* Philodendron melanochrysum *ou* peperômia.

Este arranjo é o colega de trabalho perfeito. Ele se satisfaz em remover pacientemente as toxinas do ar que você respira sem qualquer recompensa ou esperança de promoção e permanece a sua sombra em troca de nada além de um drinque de água gelada de vez em quando. Você pode inclusive utilizar as folhas da bromélia para apoiar lembretes para os outros funcionários (Não perturbe – Sono Profundo) ou esconder relatórios de despesas, mas isso vai lhe custar uma adubação mensal pelo privilégio. Afinal, as plantas têm necessidades. Depois de um período de três a cinco anos empregada, a bromélia vai ser promovida na forma de uma haste alta vermelha com flores amarelas. Após essa única promoção, a planta-mãe dá início a seu lento declínio, apenas para ser substituída por bromélias-bebês na base, que acabarão por assumir a direção dos negócios.

As cores roxa e verde-limão contrastantes podem parecer um pouco agressivas e irresponsáveis, mas esteja certo de que tudo neste arranjo é eficiente e adequado para o vaso quadrado que se encaixa bem no canto de sua mesa. A jiboia-prateada pende reta até descer em cascata, e as dracenas formam uma tela de folhas ereta que emoldura a bromélia e bloqueia o olhar de sua colega xereta. Só porque ela é sua chefe não significa que pode espiar você jogando paciência. Quando se trata de seu novo protegido, até regar é muito fácil. Despeje a água no centro da copa impermeável até que escorra para fora das folhas o suficiente para molhar a terra. Essa técnica também elimina qualquer excesso de sais causado pela água dura. A jiboia-prateada acabará por perambular e sair dos limites da mesa, por isso pode as extensões mais longas na base. Não precisa se sentir culpado em relação à manutenção de rotina, porque, afinal, o local de trabalho é sempre competitivo.

As receitas 89

Minijardim em recipiente raso

LUZ	UMIDADE DO SOLO	UMIDADE DO AR
Solar	Baixa	Baixa

Lista de compras

- Vaso pequeno
- Substrato para cacto
- **A** 3 echeverias (*Echeveria* 'Lola')
- **B** 2 crássulas (*Crassula muscosa pseudolycopodiodes*)
- **C** 1 planta-maraca (*Portulaca molokiniensis* 'Maraca')
- **D** 4 dedinhos-de-moça-rubros (*Sedum rubrotinctum* 'Mini')
- **E** 1 haworthia (*Haworthia marumiana* v. *batesiana*)
- **F** 3 ervas-da-fortuna (*Tradescantia fluminensis*)
- **G** 2 cordas-de-bananas (*Senecio radicans*)

Opções de plantas

É impossível conseguir todas estas suculentas em uma única viagem à loja de plantas, mas há muitas outras que criam o mesmo efeito. Procure por suculentas dos gêneros Echeveria, Sedum *e* Portulacaria *com hastes aparentemente lenhosas. Qualquer que seja a escolhida, retire as folhas de baixo para que fiquem mais parecidas com árvores.*

Os arranjos em recipientes rasos encontrados à venda quase sempre são abominações terríveis, mal planejados e feitos aleatoriamente com plantas incompatíveis em um recipiente sem nenhuma drenagem. Mas, quando bem confeccionados, podem se revelar mágicos. Comece escolhendo plantas que não somente tenham as mesmas exigências de luz solar direta e drenagem excelente, mas também apresentem cores e texturas variadas e harmoniosas. Como as paisagens reais são extraordinariamente verdes, a maioria das plantas selecionadas é dessa cor. Também usei um punhado de echeverias lavanda quase cinza, que promovem interesse e ecoam a cor do vaso, e fiz questão de variar as texturas das plantas a fim de completar a ilusão de um pequeno mundo fechado. Para obter a aparência de árvores, remova as folhas de baixo da *Echeveria* e da *Portulaca* e pode as pontas para que formem galhos.

A maioria dos minijardins precisa de muita água e cuidados, mas este suporta uma boa dose de negligência e exige apenas uma poda ocasional para manter as plantas com forma de bonsai. A aparência de paisagem em miniatura ganha realismo se você dividir as suculentas antes do cultivo; deixe as mudas secarem e se recuperarem por um dia ou dois e plante as divisões e mudas à semelhança de uma floresta. Coloque no centro as suculentas mais altas, como a *Echeveria* e a *Portulaca*, para ficar mais natural. Regue duas vezes por semana na estação de crescimento e esporadicamente no inverno. Essas plantas suportam longos períodos de seca, mas prosperam se regadas regularmente. As ervas-da-fortuna e as cordas-de-bananas precisam ser podadas mais vezes, mas também cobrem espaços vazios até os cultivos lentos os preencherem.

As receitas 91

Bonsai muito fácil

LUZ	UMIDADE DO SOLO	UMIDADE DO AR
Clara	Média	Média

Lista de compras

- Vaso médio
- Substrato comum
- Cascas de pinus para orquídea
- Musgo
- **A** 1 bambu-celeste (*Nandina domestica*)
- **B** 1 viburno (*Viburnum obovatum*)
- **C** 1 grama-preta anã (*Ophiopogon japonicus* 'Kyoto Dwarf')

Opções de plantas

Se tiver dificuldade em conseguir o viburno, há muitas outras plantas pequenas e arbustivas adequadas. Compre um bonsai pronto na loja de plantas ou prepare-o você mesmo. A cheflera-pequena (Schefflera arboricola) é um bonsai excelente para interiores. O bambu-celeste é facilmente substituído por uma arália-ming ou uma falsa-arália.

O bonsai tem má fama por ser considerado muito difícil, mas peço licença para discordar. Com as plantas certas e podas ocasionais, é fácil cultivar uma paisagem em miniatura no conforto da sua casa. O que o torna tão charmoso é a textura fina das folhas. É difícil encontrar folhas pequenas nas plantas caseiras, por isso vale a pena o esforço de cultivá-las sempre que possível. Outro destaque deste arranjo é o uso do espaço negativo. Cada planta é isolada de sua vizinha por um punhado de cascas para orquídea, fazendo o solo se parecer ainda mais com o chão de uma floresta. A *Nandina* em sua forma comum pode crescer fora do vaso rapidamente, mas outras seleções coloridas crescem suficientemente devagar para serem mantidas com pouco esforço. A grama-preta anã nem sempre é incluída nos livros de plantas caseiras, mas tem se provado inestimável como acompanhante de planta bonsai. O viburno é quase uma anomalia porque não é vendida normalmente como planta caseira, mas se desenvolve na mesma temperatura amena requerida por outras plantas do arranjo e também tem sido cultivada com sucesso como bonsai.

As plantas neste arranjo crescem em lugar com claridade, com ou sem luz direta. Se decidir levá-lo para um parapeito ensolarado, faça isso devagar para que as plantas tenham tempo de aclimatar-se. Mantenha o solo úmido. As plantas ficarão mais felizes se colocadas em recinto bem ventilado que não tenha aquecimento no inverno, e conseguem mesmo tolerar temperaturas muito frias se forem deixadas sem querer do lado de fora! Conforme forem crescendo, pode os brotos longos, galhos cruzados ou brotos que aparecerem na base. Para manter a aparência de árvore, retire as folhas e os galhos de baixo conforme surgirem.

As receitas 93

O executivo

LUZ	UMIDADE DO SOLO	UMIDADE DO AR
Clara a solar	Baixa	Baixa

Lista de compras

- Vaso bem pequeno
- Substrato para cacto
- **A** 1 planta-zebra haworthia (*Haworthia attenuata*)
- **B** 2 haworthias de folhas translúcidas (*Haworthia obtusifolia*)
- **C** 1 lança-de-são-jorge (*Sansevieria cylindrica*)
- **D** 1 faucária-tigrina (*Faucaria tigrina*)
- **E** 1 gastéria (*Gasteria bicolor* var. *bicolor*)
- **F** 3 gastérias anãs (*Gasteria bicolor* var. *liliputana*)

Opções de plantas

Pense pequeno para grandes resultados. As haworthias e as gastérias são excelentes por se agruparem ordenadamente e tolerarem sombra, por isso prenda-se a elas, a menos que planeje um vaso maior. Ou use suculentas maiores que possam ser cultivadas e podadas ou removidas quando ficarem muito grandes.

Pense criativamente e comece com o pé direito. Com sua tolerância à seca e um conjunto de habilidades, estas plantas vão resistir bravamente enquanto você estiver ocupado em busca de resultados e fazendo as coisas acontecerem. A transparência da folha da haworthia a torna uma conselheira confiável, enquanto o desempenho pétreo da gastéria tranquiliza para você poder manter o curso quando todos estão pulando do barco. E, como a melhor defesa é um bom ataque, a pequena faucária-tigrina está sempre pronta a malhar enquanto o ferro está quente. O grande elefante na sala, entretanto, é a imponente lança-de-são-jorge: erigida sobre uma base estreita e econômica, ela é robusta o suficiente para mostrar a todos no escritório que você é grande demais para fracassar. Impressione os colegas e investidores estrangeiros com uma ou duas metáforas horticulturais extraídas do seu novo hobby para parecer esperto em situações confusas. Diga apenas: "Precisamos de uma estratégia que retenha umidade *e* tenha boa drenagem", e todos em volta da mesa vão concordar gravemente.

Não precisa se preocupar com prazos com estas plantas eficientes no seu local de trabalho, elas são incrivelmente produtivas apesar de apenas precisarem de uma viagem semanal ao bebedouro. Férias e planos de saúde não serão necessários, mas estarão prontas a defendê-lo a todo custo se lhes garantir um bom espaço para se desenvolver. Se a lança-de-são-jorge começar a cutucar o teto de vidro e ficar muito desequilibrada, replante-a em um vaso mais largo. Vai ser preciso examinar as suculentas menores periodicamente para ver se pequenas pragas como as cochonilhas não estão atacando, e lhes dê a janela mais clara do escritório se começarem a ficar magras e encurvadas.

As receitas 95

Femme Fatale

LUZ	UMIDADE DO SOLO	UMIDADE DO AR
Clara	Média	Média

Lista de compras

- Vaso pequeno
- Substrato comum
- **A** 1 dracena-rosa (*Dracaena marginata* 'Colorama')
- **B** 1 hera-roxa (*Hemigraphis exotica*)
- **C** 2 plantas rezadeiras (*Maranta tricolor*)
- **D** 1 filodendro-negro (*Philodendron melanochrysum*)

Opções de plantas

Para obter este visual com outras plantas, basta usar as que têm folhas pretas. A Peperomia 'Bianco Verde', a planta-alumínio (Pilea spp.) e a estrela-da-terra-preta (Cryptanthus zonatus) são boas escolhas. A dracena, que ocupa o centro do arranjo, deve ser relativamente fácil de encontrar, mas também pode ser iniciada com mudas de uma planta maior ou substituída por outra dracena disponível.

Francis Bacon disse certa vez: "Para que a luz brilhe tão intensamente, a escuridão precisa estar presente". Quando eu era um adolescente gótico, poderia ter usado essa citação para justificar meu comportamento antissocial e meu guarda-roupa de sobretudos e botas pretos. Como um mau poeta adolescente, eu também esperava que isso me fizesse parecer mais intelectual. Para celebrar a natureza rebelde inerente de uma cor que se recusa a ser definida como cor (tecnicamente, o preto é a ausência de cor), selecionei algumas das plantas caseiras mais comumente combinadas e juntei-as para sofrerem no abraço escuro e eterno de um pérfido e fosco vaso preto. A chamada hera-roxa foi convocada pela noite e abraçou sua escuridão, e as tranças sedosas do filodendro-negro caem no abismo como os cabelos de um vampiro. A haste rosa pontiaguda de uma dracena rompe através do arranjo, trazendo um pouco de animação a um cenário que, de outro modo, seria monótono. Mesmo as plantas rezadeiras parecem passar por uma crise de rebeldia. Os veios vermelhos cor de sangue que formam como uma espinha de peixe não seriam notados em um conjunto mais coeso, mas neste se mostram mais destacados e sedutores do que nunca. Para que essas plantas brilhem tão intensamente, a escuridão também precisa estar presente.

Você precisará de luz clara indireta e ar um pouco úmido se quiser que vicejem por toda a eternidade. Replante-as em outro vaso ou divida-as quando o recipiente ficar muito cheio, ou apenas retire algumas hastes menos viçosas. Se for transportá-las para um vaso maior, mas não quiser desistir do vasinho preto, simplesmente divida o arranjo e retire algumas plantas para criar mais espaço. Se as plantas perderem as cores brilhantes ou esverdearem, leve-as para um lugar com mais claridade.

As receitas 97

Metais e plumas

LUZ	UMIDADE DO SOLO	UMIDADE DO AR
Fraca a clara	Média a alta	Média a alta

Lista de compras

- Vaso grande
- Substrato comum
- Fibra de coco
- **A** 1 jacundá
  (*Calathea majestica albolineata*)
- **B** 2 caetés-riscados-roxos
  (*Calathea roseopicta* 'Dottie')
- **C** 1 palmeira-metálica (*Chamaedorea metallica*)
- **D** 2 heras-inglesas (*Hedera helix* 'Mona Lisa')

Opções de plantas

A palmeira-metálica inspira o nome desta receita, mas você pode usar outra palmeirinha (Chamaedorea *spp.*) *ou um lírio-da-paz. Se quiser excluir os caetés-roxos, mas obter uma aparência semelhante, selecione outra planta do mesmo tipo (*Maranta *ou* Calathea*) ou hera-roxa (*Hemigraphis*). A hera-inglesa pode ser substituída por musgo-tapete* (Selaginella) *ou outra trepadeira.*

Este arranjo é para quem se recusa a cultivar plantas rezadeiras comuns e palmeiras de salão, mas exige a beleza exótica de suas parentes refinadas. Com folhas verde-sálvia cintilantes que parecem ter sido revestidas de prata, a palmeira-metálica talvez seja a palmeira mais elegante que se possa cultivar dentro de casa. Seu nome científico diz tudo: *Chamaedorea* é traduzida de modo extravagante como "dádivas junto ao solo", porque as plantas apresentam um crescimento baixo e podem ser consideradas presentes, enquanto *metallica* evidentemente se refere a seu visual. As calateias também são espetaculares e fazem algumas parentes do gênero *Maranta* parecerem cafonas e grosseiras. O jacundá exibe, como em ternos risca de giz, linhas brancas finas que parecem ter sido pintadas meticulosamente à mão. De cada lado se vê a voluptuosa *Calathea roseopicta* 'Dottie', com folhas roxas e rosa destacando as peças centrais prateadas, enquanto as clássicas heras-inglesas, na base, estão a postos como criadas bem pagas.

Essas espécies superiores devem custar mais caro e necessitam de ambiente grã-fino com solo e ar constantemente úmidos, mas valem a pena. Coloque este arranjo em uma estufa ou ao lado de uma banheira com pés, em um banheiro bem iluminado, ou leve-o para fora em um local sombreado, onde possa usufruir a umidade cálida do verão. Retire as folhas mortas de baixo e periodicamente limpe as folhas para evitar ácaros e lacerdinhas, que proliferam no ar seco. Para o paladar sofisticado do arranjo, uma alimentação regular com fertilizante balanceado para plantas caseiras é o mesmo que caviar. Quando as calateias começarem a encher demais o vaso, desbaste as hastes e remova as heras.

As receitas 99

Viagem gastronômica

LUZ	UMIDADE DO SOLO	UMIDADE DO AR
Clara	Alta	Alta

Lista de compras

- Vaso médio
- Substrato comum
- Fibra de coco ou musgo de turfa
- **A** 1 fruta-milagrosa (*Synsepalum dulcificum*)
- **B** 3 musgos-tapete (*Selaginella* spp.)
- **C** 2 plantas-mosaico (*Fittonia argyroneura* 'Pink Vein')
- **D** 1 planta ortófita (*Orthophytum saxicola*)
- **E** 1 samambaia-pé-de-coelho (*D. feejensis*)

Opções de plantas

Não há como substituir a magia da fruta-milagrosa, mas outra planta com forma de árvore e folhas pequenas dá o mesmo visual. Figueira-benjamim (Ficus benjamina), *falsa-arália* (Schefflera elegantissima) *e cheflera-pequena anã* (Schefflera arboricola) *são boas alternativas. Outras árvores frutíferas para dentro de casa são as cítricas anãs, a caramboleira* (Averrhoa carambola) *e a romãzeira* (Punica granatum).

Chegue mais perto. Se jurar não contar para ninguém, posso lhe dar algumas bagas mágicas que vão surpreender sua mente. Essas "bagas milagrosas" fazem coisas azedas parecerem doces. Não acredita? Estoure uma na boca, chupe um limão e tente não surtar! Assim funciona essa estranha ciência: a substância miraculina, presente na fruta, é composta por moléculas de glicoproteínas que atacam as papilas gustativas e ativam os receptores de doce, trapaceando e nos fazendo pensar que os alimentos azedos e ácidos são doces! Esquisito, não? Ela é usada com fins medicinais e recreativos há séculos na África, mas só se espalhou pelo mundo nas últimas décadas. Porém, por ter sido considerada pelas agências de saúde de muitos países como aditivo alimentar em vez de adoçante, a miraculina perdeu terreno. Mas a fruta-milagrosa de fato apresenta baixo teor de açúcar e é uma promessa como seu substituto mais saudável.

A fruta-milagrosa oferece fácil cultivo dentro de casa e não necessita de luz direta como a maioria das árvores frutíferas e ervas. Eis como mantê-la saudável: ela precisa de muita água e terra úmida, por isso misture fibra de coco ou musgo de turfa no substrato, na proporção de 1:3. Se as plantas-mosaico e o musgo-tapete começarem a murchar, é preciso regar. Ao plantar o musgo-tapete, firme as hastes na terra para enraizarem. Borrife as plantas do arranjo a cada um ou dois dias para aumentar a umidade do ar e desalojar as pragas. Disponha o vaso em uma pia de cozinha bem iluminada, tanto por causa da umidade do ar quanto pelo cultivo de um adoçante pronto para usar.

As receitas 101

Delícia de flores

LUZ	UMIDADE DO SOLO	UMIDADE DO AR
Clara	Alta	Alta

Lista de compras

- Vaso médio (vaso largo para azaleia)
- Substrato comum
- Vermiculita, substrato para orquídea ou outro corretor para drenagem livre
- **A** 1 antúrio (*Anthurium andreanum*)
- **B** 1 singônio
  (*Syngonium podophyllum* 'White Butterfly')
- **C** 2 musgos-tapete-dourado
  (*Selaginella kraussiana* 'Aurea')
- **D** 2 plantas-mosaico
  (*Fittonia argyroneura* 'Pink Vein')

Opções de plantas

Essas plantas são relativamente comuns, mas, com exceção do singônio, podem apresentar cultivo difícil. Se não puder proporcionar a umidade do ar de que necessitam, troque por outras menos exigentes. A unha-de-gato (Ficus pumila) *tem um sistema de raízes agressivo, mas é uma alternativa mais resistente do que a forração com musgo-tapete. Substitua o antúrio pelo duradouro café-de-salão* (Aglaonema spp.) *ou por comigo-ninguém-pode* (Dieffenbachia spp.).

Eu havia aconselhado que você evitasse plantas mimadas ao criar um arranjo misto, mas algumas espécies fazem o trabalho extra valer a pena. Eu também pedi que você fosse cauteloso ao cultivar plantas altas em vasos mais baixos, para não acabar com uma mistura pesada que parece mais um arranjo de flores do que um jardim em vaso. Mas esse resultado não é necessariamente ruim. O antúrio é a escolha natural para um arranjo florido vivo, porque as flores podem ser cortadas e expostas em qualquer outro lugar da casa. O musgo-tapete se estende por cima da borda do vaso e empresta uma aparência de exposição ao tempo, enquanto as plantas-mosaico com veios vermelhos promovem um toque colorido.

Proporcione às plantas calor, drenagem e solo e ar úmidos. Acrescente um corretor como a vermiculita ao substrato comum, na proporção de 1:5, para as raízes do antúrio poderem respirar, e pulverize-o diariamente. Para conter o crescimento rápido do singônio, corte as hastes na base durante a primavera e remova as divisões com faca limpa e afiada. As plantas-mosaico e os musgos-tapete são conhecidos por morrer misteriosamente durante a noite se a terra estiver seca, por isso encare-os como plantas temporárias que podem ser substituídas. Se as folhas apresentarem bordas crespas marrons, leve as plantas para um local úmido, como a cozinha, ou borrife-as com frequência. Se as folhas do antúrio empalidecerem, é hora de alimentá-lo com um fertilizante genérico para plantas caseiras. O chá de composto funciona bem e oferece menos probabilidade de queimar as raízes e a folhagem do musgo-tapete.

As receitas 103

No topo da moda

LUZ	UMIDADE DO SOLO	UMIDADE DO AR
Solar	Baixa a média	Baixa

Lista de compras

- Vaso médio
- Substrato comum
- **A** 1 lágrimas-de-rainha (*Billbergia hoelscheriana*)
- **B** 1 graptosedum (×*Graptosedum*)
- **C** 3 oxális (*Oxalis spiralis* subsp. *vulcanicola* 'Plum Crazy Yellow')
- **D** 4 echeverias (*Echeveria* 'Topsy Turvy')

Opções de plantas

Outras oxális que não se comportam como ervas daninhas são a Oxalis triangularis *'Atropurpurea', com folhas roxas, a* Oxalis *'Sunshine Velvet', de folhas douradas, e a* Oxalis *'Burgundy Bliss', que apresenta folhas vinho e flores amarelas contrastantes.* Graptosedum *e* Echeveria *podem ser substituídas por* Graptopetalum paraguayense, Kalanchoe tomentosa *ou qualquer outra suculenta cinza que forme uma flor com suas folhas.*

Jardins interiores são *fashion*, mas este parece pronto para a passarela com sua silhueta arrebatadora de suculentas contra a textura aveludada das oxális. Os cultivadores de suculentas e cactos estão familiarizados com a visão de folhas com formato de trevo da *Oxalis stricta* surgindo entre espinhos e perigosamente se comportando como erva daninha, mas nem todas as oxális são más. Com suas folhas cor de vinho, o cultivar 'Plum Crazy Yellow' se porta de maneira diferente e de fato se desenvolve ao lado de suculentas sem sufocá-las. O resultado é um conjunto na última moda, que lembra um quadro floral moderno, com as silhuetas cinza das suculentas em forma de flor dramaticamente postadas contra o magenta escuro e intenso do fundo de oxális. Uma esguia lágrimas-de-rainha acrescenta altura ao arranjo, complementa as suculentas e contrasta com a cor intensa e viva da oxális. Experimente este projeto sobre uma cômoda ensolarada, onde ele vai servir de inspiração para o que você for vestir, ou coloque-o contra uma parede amarela para destacar as flores alegres da oxális. Se tiver um quarto moderno e despojado, use um vaso de cerâmica polida ou de fibra de vidro branco, cinza ou amarelo. Se preferir uma decoração mais tradicional, vá de terracota ou ferro fundido.

Plante primeiro as oxális e por último as suculentas para não quebrar suas hastes frágeis. Mantenha a terra ligeiramente úmida da primavera ao outono e permita que seque entre as regas no inverno. Se plantar suculentas maiores, como a *Echeveria* 'Topsy Turvy' usada aqui, prepare-se para desbastá-las quando crescerem, de modo que não encubram as outras plantas. Tire os brotos conforme a necessidade para não sufocarem as oxális, mas deixe pelo menos uma das echeverias chegar ao tamanho em que floresce. Suas hastes altas e encurvadas parecem decoradas com pétalas de *fondant*, e as flores desabrocham em um tom de pêssego alaranjado.

As receitas 105

Limonada rosa

LUZ	UMIDADE DO SOLO	UMIDADE DO AR
Clara	Média	Média

Lista de compras

- Vaso bem grande
- Substrato comum
- **A** 1 bromélia-rosa (*Neoregelia* 'Sexy Pink')
- **B** 2 flores-de-cera (*Hoya carnosa*)
- **C** 2 peperômias (*Peperomia* 'Rainbow')
- **D** 1 dracena (*Dracaena deremensis* 'Limelight')
- **E** 1 dracena (*Dracaena deremensis* 'Lemon Lime')
- **F** 1 café-de-salão (*Aglaonema* 'Siam Aurora')

Opções de plantas

Qualquer bromélia substitui adequadamente a Neoregelia *'Sexy Pink', em especial a* Aechmea fasciata, *com suas flores rosa e folhas polvilhadas de branco. Se não conseguir o café-de-salão, use uma* Dieffenbachia *verde-limão. Pode trocar também a flor-de-cera por uma jiboia ou uma peperômia trepadeira, ou use* Dracaena marginata *em vez da peperômia.*

Se existe um arranjo indicado para uma garota chique, é o Limonada rosa. As folhas cerosas rosa e verde-limão lembram o pink glamouroso de lábios carnudos e unhas recobertas de tons pastéis, enquanto a trepadeira desce como um colar delicado. A beleza do conjunto é que ele permanece atraente e parece não envelhecer nunca. À medida que as dracenas ficam mais altas, a peperômia e as bromélias cerram fileiras para formar uma graciosa parede de folhagem.

Quem melhor para estrelar esse show do que a bromélia ruborizada que tem por nome *Neoregelia* 'Sexy Pink'? Mesmo quando não está florindo, essa planta estonteante conserva sua cor fabulosa o ano todo. A *Peperomia magnoliifolia* 'Rainbow' repete o mesmo tom nas bordas das folhas suculentas, mas o branco glacial da parte de baixo das folhas espelha a cor do vaso. A *Dracaena deremensis* 'Lemon Lime' e a 'Limelight' formam um exuberante pano de fundo verde-limão vertical, enquanto as folhas verde-escuras da trepadeira cerosa criam contraste e sombras contra o vaso.

Este vaso só morre de sede se for esquecido por um longo período, mas fica mais bonito se cuidado da maneira correta. Regue bem quando a terra estiver seca. Se a trepadeira cerosa e a peperômia crescerem demais, uma poda ocasional as conterá. Com tesoura de poda afiada e limpa, corte as hastes mais velhas na base ou no ponto exatamente acima de onde as folhas encontram as hastes. As bromélias morrem depois de florescer, mas logo são substituídas pelos "filhotes" ou plantinhas que se formam na base. Quando estes atingirem a metade do tamanho da roseta original, retire a porção decadente com tesoura ou com uma torção vigorosa da mão.

As receitas   107

Canteiro dentro de casa

LUZ	UMIDADE DO SOLO	UMIDADE DO AR
Clara a solar	Média	Média

Lista de compras

- Vaso grande
- Substrato comum
- **A** 1 gengibre-concha (*Alpinia zerumbet* 'Variegata')
- **B** 3 begônias-cerosas *(Begonia semperflorens)*
- **C** 2 corações-magoados *(Coleus blumei)*

Opções de plantas

*Há muitas outras plantas vendidas como anuais que se desenvolvem bem dentro de casa, principalmente se desejar substituí-las conforme declinarem. Eis algumas: caládios, helicônias, maria-sem-vergonha, confete (*Hypoestes* cv.) e açafrão-da-terra (*Curcuma* spp.), encontradas com facilidade em lojas.*

Todas essas plantas caseiras começam a esvaziar sua carteira? Então, afaste-se desta seção na loja e procure verdadeiras pechinchas entre as plantas anuais para canteiro. As plantas deste arranjo saíram muito baratas, e o próprio vaso foi reaproveitado quando o *Ficus* que o ocupava morreu. Se estiver procurando por outras anuais para usar nos arranjos, escolha as tropicais que toleram um pouco de sombra. As begônias-cerosas e os caládios vêm em cores variadas e podem ser encontrados em caixinhas de mudas, vasinhos ou mesmo recipientes maiores. Reúna-os como em um canteiro ao redor de um ponto focal, como fiz aqui, ou encaixe-os em outras composições enquanto espera que as plantas de crescimento mais lento preencham o espaço. Pontos focais como o gengibre-concha podem ser vendidos bem em conta como planta anual de verão se você for à loja na época certa, e tenho encontrado plantas exóticas como helicônias e flores-abacaxi escondidas entre as calêndulas. As anuais nem sempre são as melhores candidatas para interiores, mas, se o preço for bom, por que não arriscar?

No jardim, coloque essas plantas em um lugar à sombra, mas dentro de casa prefira uma janela face leste ou oeste que receba luz solar direta pela manhã ou à tarde. Providencie água suficiente para manter a terra úmida por igual o tempo todo e deixe um espaço no esquema do arranjo (como eu fiz) para poder verificar facilmente os níveis de umidade. Quando plantar as begônias, cuidado para não danificar as folhas e remova as flores murchas ou secas conforme necessário. O gengibre-concha pode crescer muito se lhe for dado tempo, água e umidade do ar suficientes, mas as hastes mais altas podem ser cortadas na base para mantê-lo no tamanho apropriado. Folhas esbranquiçadas no gengibre indicam queimadura de sol – leve-o para um local sem luz direta.

As receitas 109

Liga das heras

LUZ	UMIDADE DO SOLO	UMIDADE DO AR
Clara	Média	Média a alta

Lista de compras

- Vaso grande
- Substrato comum
- **A** 1 fatshedera (*Fatshedera lizei*)
- **B** 2 heras-inglesas (*Hedera helix* 'Mona Lisa')
- **C** 2 heras-da-argélia (*Hedera canariensis* 'Gloire de Marengo')

Opções de plantas

Bem fáceis de encontrar, as heras são as estrelas deste arranjo. Qualquer hera-inglesa se revela boa substituta para as duas espécies da base, assim como a unha-de-gato. A fatshedera pode ser trocada por sua parente arália-japonesa (Fatsia japonica) *ou por um pinheiro-de-buda* (Podocarpus).

Poucas plantas caseiras conseguem captar convincentemente o espírito de grandes espaços ao ar livre como as heras, e você vai querer encontrar uma planta adequada para dar um toque de classe e tradição ao seu jardim em vaso. Este arranjo combina as melhores entre as melhores, das folhinhas filigranadas da 'Mona Lisa' à escultural fatshedera. Existem inúmeros cultivares de hera-inglesa, mas os finamente divididos e variegados são os mais próprios para arranjos e úteis tanto transbordando do vaso quanto como forração em volta da base de outras plantas. A hera-da-argélia 'Gloire de Marengo' se revela também boa opção, pois a variegação de um branco brilhante nas suas folhas lhe garante uma postura desafiadora. A fatshedera não é de fato uma hera, mas um híbrido intergenético entre a *Fatsia japonica* e a *Hedera helix*. Em termos leigos, a fatshedera é a filha querida da arália-japonesa com a hera-inglesa, concebida em um viveiro francês em 1912. Que história!

Existem apenas onze espécies de hera, todas facilmente reconhecidas e encontradas. As heras-inglesas se dão tão bem fora de seu hábitat que se tornaram ervas daninhas no Pacífico Norte e em outros locais. Mas dentro de casa elas precisam de umidade no solo e no ar e luz indireta para se desenvolver. Mantenha a terra úmida (não encharcada) e providencie ar úmido se as pontas das folhas ficarem marrons. Se as trepadeiras parecerem molengas ou as marcas variegadas reverterem ao verde, mude o vaso aos poucos para um ponto mais claro. Pode quando necessário, tomando cuidado com a seiva tóxica. Para manter a fatshedera ereta, prenda-a numa estaca enfiada na terra. As heras são atacadas por cochonilhas-farinhentas se não tiverem solo úmido e luz clara, por isso examine a base de cada folha periodicamente e, se achar insetos brancos felpudos, remova-os com a mão ou uma boa enxaguada.

As receitas 111

Brilho da selva

LUZ	UMIDADE DO SOLO	UMIDADE DO AR
Clara	Média a alta	Média a alta

Lista de compras

- Vaso médio
- Substrato comum
- **A** 1 dracena (*Dracaena* 'Limelight')
- **B** 2 marantas-cascavel (*Calathea lancifolia*)
- **C** 1 hera-roxa (*Hemigraphis* cvv.)
- **D** 1 falsa-arália (*Schefflera elegantissima*)
- **E** 2 judeus-errantes (*Tradescantia zebrina*)

Opções de plantas

Para um arranjo mais duradouro, substitua a exigente hera-roxa por um filodendro-negro (Philodendron melanochrysum) ou outra planta parecida. A Dracaena deremensis 'Limelight' exibe uma folhagem verde-limão brilhante quase imbatível, mas a Dracaena 'Lemon Lime' e a Dracaena fragrans lindenii chegam bem perto.

Como o luar através da selva escura e impenetrável, a *Dracaena* 'Limelight' destaca-se como um farol contra os tons de preto, roxo e verde-escuro. Brilho da selva é um estudo de contenção, com todas as plantas trabalhando juntas para empalidecerem em um pano de fundo tramado para que a dracena verde possa ocupar o centro do palco. As plantas escuras parecem misturar-se na obscuridade, mas só servem para conferir um impacto maior para o grupo todo. Mesmo o vaso preto e marrom parece colaborar para exibir a dracena. No fundo, as folhas da maranta-cascavel dobram-se todas as noites, revelando a parte de trás roxa e contrastando com a dracena em um efeito dramático. Além de funcionarem bem esteticamente, essas plantas formam uma ótima equipe conforme crescem e ocupam seus espaços. Enquanto a dracena dispara acima das outras, a escura falsa-arália vai segui-la e proporcionar contraste com sua folhagem escura. A hera-roxa e o judeu-errante sobem pelas bordas, disfarçando delicadamente o limite entre o vaso e o arranjo. Caso se tornem incontroláveis e comecem a tomar conta do vaso inteiro, apare-os na medida certa.

    O cuidado se resume em não deixar a terra secar completamente e oferecer um pouquinho de umidade no ar. A hera-roxa e a falsa-arália quando pequenas se beneficiam da umidade extra fornecida pelas plantas ao redor, mas podem precisar de mais quando crescerem para além do abrigo das outras. Reserve um espaço no arranjo para verificar a umidade da terra e regar quando a camada superior ficar seca. As folhas da hera-roxa e da falsa-arália podem apresentar pontas crespas e marrons no inverno quando a umidade da casa diminui, mas logo se recuperam se o vaso for levado a um lugar na sombra, ao ar livre.

As receitas 113

Centelha jurássica

LUZ	UMIDADE DO SOLO	UMIDADE DO AR
Clara a solar	Baixa	Baixa

Lista de compras

- Vaso grande
- Substrato para cacto
- **A** 1 zamioculca (*Zamioculcas zamifolia*)
- **B** 3 sansevíérias em forma de roseta (*Sansevieria trifasciata* 'Hahnii')
- **C** 3 plantas-jade Gollum (*Crassula* 'Gollum')
- **D** 6 gastérias (*Gasteria* spp.)

Opções de plantas

Quer que esta receita funcione em um lugar escuro? Basta substituir as gastérias e a planta-jade por bromélias, cacto-macarrão ou mais sansevíérias; dessa forma, terá um jardim interno que tolera luz fraca e seca ocasional. É possível também trocar a zamoculca por uma sansevíéria mais alta.

Espero manter para sempre a capacidade de fantasiar que tinha na infância, quando sonhava acordado em cavalgar dinossauros pela escola, agarrado ao pescoço de um braquiossauro e fugindo para um mundo cheio de possibilidades. Pensando bem, esta última parte se refere à faculdade. Se quiser homenagear sua imaginação infantil de um modo mais discreto, cultive um arranjo com tanto potencial criativo quanto sua velha coleção de dinossauros de brinquedo. Atravesse o dia de trabalho observando as placas dorsais de sua zamioculca e se imagine montando as velas coriáceas do estegossauro, ou olhe bem dentro da roseta da sansevíéria para vislumbrar suas raízes – cópias fiéis dos ovos intactos de um réptil. Os "dedos" atarracados da planta-jade se projetam como o E.T. telefonando para casa. As plantas *Gasteria* embaixo parecem quase se mover no canto de seu olho. Este arranjo certamente fará sucesso entre as crianças, portanto garanta um espaço livre para alguns dinossauros de plástico.

Essas plantas sobreviverão mesmo no caso de dois eventos catastróficos, seca e sombra sufocante, suportando condições que causariam a extinção dos grandes répteis. Deixe expostas algumas das enormes raízes em forma de ovo das zamioculcas para atrair o olhar dos convidados. As plantas-jade Gollum com o tempo vão desenvolver caules e assumir a aparência de um bonsai – isto é, a menos que decida podá-las e mantê-las baixas e arbustivas. Se não ficar atento, tanto as sansevíérias quanto as gastérias se espalham e tomam conta do vaso, então remova os brotos com uma faca afiada para liberar espaço e começar novas plantas. A adubação não é obrigatória, porém uma alimentação leve com intervalo de alguns meses melhora a saúde e a aparência do arranjo.

As receitas 115

Canção de ninar de lavanda

LUZ	UMIDADE DO SOLO	UMIDADE DO AR
Solar	Baixa	Baixa

Lista de compras

- Vaso médio
- Substrato para cacto
- **A** 1 saião-púrpura
  (*Aeonium arboreum atropurpureum*)
- **B** 2 judeus-errantes
  (*Tradescantia zebrina*)
- **C** 2 graptosedum
  (×*Graptosedum* 'Darley Sunshine')
- **D** 3 mães-de-milhares (*Kalanchoe daigremontiana*)

Opções de plantas

Use uma planta Dyckia *cor de vinho para substituir o* Aeonium, *ou escolha uma* Echeveria *de folhas roxas como a 'Afterglow'. A maioria das suculentas de rosetas cinza vai cair bem neste arranjo, especialmente as com tons de lavanda. Vale a pena procurar por* Graptoveria *'Fred Ives',* Echeveria *'Purple Pearl' e* Echeveria *'Perle von Nuremburg'.*

Algumas vezes só consigo dormir à noite se contar não carneirinhos, mas plantas. Começo enumerando todas aquelas que quero cultivar, mas pouco depois vou esquecendo seus nomes e perco a conta antes que meus olhos fiquem pesados e eu adormeça; então, durmo e sonho com mais plantas. Parece loucura, mas, se tentar se lembrar de nomes como *Aeonium arboretum atropurpureum* e *Kalanchoe daigremontiana*, também vai ficar muito sonolento! É claro que ajuda quando as plantas imaginadas são apaixonantes como as usadas aqui. As rosetas em espiral do saião-púrpura são delirantes, e a mãe-de-milhares apresenta um padrão sem fim psicodélico. Ao longo das beiradas de cada folha manchada, nascem multidões de pequeníssimas plantas novas, que caem e recomeçam a vida em outro lugar. Uma amiga minha tem a mãe-de-milhares como erva daninha no quintal, mas eu jamais pensaria em ofendê-las chamando-as assim porque são suas plantas favoritas. Entretanto, evite cultivá-las se estiver preocupado que possam bagunçar outros cactos e suculentas envasados.

Coloque essas suculentas em uma janela face norte, oferecendo-lhes muita luz solar direta. Se desejar folhas mais escuras no *Aeonium*, leve o vaso para fora no verão para que aproveite o sol como um girassol faria. Tome cuidado ao plantar judeu-errante, porque as hastes são muito delicadas. Quando algumas inevitavelmente caírem, insira-as na terra, pois raízes novas se formarão e crescerão. Regue bem para que a umidade chegue ao fundo do vaso e deixe as camadas superiores secarem antes de regar de novo.

As receitas 117

Limão e coco

LUZ	UMIDADE DO SOLO	UMIDADE DO AR
Clara	Média	Média a alta

Lista de compras

- Vaso pequeno
- Substrato comum
- **A** 1 abacaxi-ornamental (*Ananas lucidus*)
- **B** 1 peperômia-marrom (*Peperomia caperata*)
- **C** 1 peperômia (*Peperomia* 'Bianco Verde')
- **D** 1 estrela-da-terra-rosa (*Cryptanthus* 'Pink Star')
- **E** 3 heras (*Hedera helix*)

Opções de plantas

A maioria das plantas deste jardim em vaso é facilmente encontrada e pode ser substituída por uma das muitas peperômias ou estrelas-da-terra. Se não conseguir o abacaxi-ornamental, use um clorofito (Chlorophytum comosum), *uma dracena-tricolor* (Dracaena marginata) *ou uma bromélia. Híbridos de dracena como 'Lemon Lime' e 'Limelight' também ficam ótimos!*

Tenho o péssimo hábito de ridicularizar velas perfumadas e produtos de beleza por seus nomes equivocados. "Sonho de Hibisco", eu zombo, apontando a vela, "o hibisco nem tem cheiro!". Quando peguei a vela chamada "Brisa do Mar" e disparei minha réplica sobre como o mar *realmente* cheira, minha plateia se dirigiu ao caixa com uma cesta cheia de fragrâncias "Bebê Recém-Nascido" e "Sonho Feliz". Espera-se que elas não cheirem como seus homônimos! Minha receita Limão e coco não é diferente, e, a menos que a acenda como uma vela (o que não recomendo), ela não exala aromas – ainda bem! Mas este arranjo não faz você se imaginar em uma paisagem tropical segurando margaritas preparadas em cascas de coco enquanto escuta o som de marimbas e ondas se quebrando? As heras verde-limão parecem brilhar contra o fundo marrom das peperômias, e um abacaxi-ornamental espetacular envolve todo o arranjo com suas folhas escuras e arqueadas.

O abacaxi-ornamental produz, com o tempo, uma frutinha rosa, bem semelhante ao abacaxi, mas muito menor e mais engraçadinha. Embora seja melhor desfrutá-la na planta, ela pode ser comida, contanto que use uma faca igualmente pequena. Depois de dar flor e fruto, o abacaxi-ornamental gera brotos (bebês), que podem ser divididos seguindo as dicas da p. 37. Como as heras em geral são vendidas em diversas mudas enraizadas em um único recipiente, é possível dividi-las e plantá-las separadamente ao longo da borda do vaso para criar um anel de folhagem atraente. Os cuidados são bem simples, mas ofereça-lhes ar úmido para obter os melhores resultados.

As receitas 119

Guirlanda viva

LUZ	UMIDADE DO SOLO	UMIDADE DO AR
Clara a solar	Epifítica	Média a alta

Lista de compras

- Guirlanda de videira
- Arame ou cola quente
- Musgo decorativo
- **A** 5 plantas aéreas *(Tillandsia ionatha)*
- **B** 1 planta aérea crespa *(T. intermedia)*
- **C** 1 gravatazinho *(Tillandsia tenuifolia)*
- **D** 1 cravo-do-mato *(Tillandsia stricta)*
- **E** 1 planta aérea felpuda *(T. tectorum)*
- **F** 1 planta aérea *(Tillandsia xerografica)*
- **G** 1 bromélia *(Vriesea corcovadensis)*

Opções de plantas

Não há necessidade de procurar pelas espécies específicas de Tillandsia *usadas aqui, já que qualquer uma funcionará bem no arranjo. Entretanto, não se esqueça de que aquelas com folhas prateadas toleram mais seca do que as com folhas verdes. Elas obtêm sua aparência prateada de células especializadas chamadas tricomas, as quais lhes permitem colher mais eficientemente a umidade do ar. Outra planta a ser procurada é a pendente corrente-de-moedas, ou* Dischidia nummularioides.

Não deixe a elegância desta guirlanda assustá-lo. Ela é tão fácil de plantar quanto os outros arranjos do livro e demanda cuidados simples, como borrifos semanais. Melhor de tudo, diferentemente de outras guirlandas: ela lhe proporciona folhagem verde e flores o ano inteiro e pode ser reutilizada em inúmeras ocasiões. Pendure-a na parede ou experimente colocá-la horizontalmente no centro da mesa para servir como um interessante suporte de velas. Se quiser, enfeite-a com laços ou fitas para as festas e depois retire-os, mas guarde a guirlanda e desfrute as floradas esporádicas ao longo do ano. Todas as plantas aéreas apresentam necessidades semelhantes, e sua loja de plantas deve dispor de uma seleção delas; caso não tenham em estoque, compre-as de um dos sites da p. 170.

Para prender as plantas *Tillandsia*, passe delicadamente o arame através das folhas de baixo e fixe-o nos vãos da guirlanda. Aperte bem o arame para que segure a planta. Se preferir, aplique uma gota de cola quente no centro da base de cada *Tillandsia* e prenda à guirlanda. Esconda o arame com musgo decorativo ou barba-de-velho (um tipo de *Tillandsia*) e acrescente os enfeites escolhidos. Para molhar as plantas *Tillandsia*, borrife-as a cada uma ou duas semanas. Alimente-as com fertilizante solúvel em água para orquídeas de acordo com as instruções do rótulo. Se a umidade de sua casa for particularmente baixa, escolha os tipos de *Tillandsia* com folhas prateadas em vez daqueles com folhas verdes.

As receitas   121

Terra Média

LUZ	UMIDADE DO SOLO	UMIDADE DO AR
Clara a solar	Baixa	Baixa

Lista de compras

- Vaso grande
- Substrato para cacto
- **A** 1 planta-jade Gollum (*Crassula* 'Gollum')
- **B** 2 sonhos-de-beberrão (*Hatiora salicornioides*)
- **C** 6 haworthias de folhas translúcidas (*Haworthia* spp.)

Opções de plantas

Se conseguir se desapegar do divertido nome da planta-jade Gollum, troque-a por qualquer planta-jade semelhante. Outras suculentas com forma de árvore são Portulaca molokiniensis *'Maraca' e* Crassula muscosa. *Se o arranjo receber muita luz direta, as plantas* Haworthia *podem se substituídas por echeverias ou peperômias suculentas.*

Fuja da aridez de um dia de trabalho entrando em um reino mágico bem em cima de sua mesa, uma pequena Terra Média* transbordante de aventuras e possibilidades. Use sua imaginação, e uma história se abre e você mergulha em suas páginas. Uma planta-jade 'Gollum' se contorce avidamente para espiar por sobre a moita de cactos sonhos-de-beberrão e das haworthias de folhas translúcidas, em busca de algo que parece perdido há muito tempo. O Gollum de nossa história pode assumir a aparência de um bonsai retorcido, mas já foi uma planta-jade comum, antes que as folhas redondas da suculenta se transformassem em dedos verdes ossudos e frágeis, sempre procurando pelo "*precioso*". Alguns dos fãs de Tolkien podem querer deslizar um anel de poder élfico nos dedos de Gollum, e os empenhados hobbits talvez não resistissem a acomodar uma réplica reduzida de suas casas com porta redonda no diorama. Escolhi um vaso retangular fundo para destacar as haworthias iluminadas por trás e a copa achatada da *Crassula ovata*, mas um vaso rústico de cerâmica, pedra ou madeira teria tornado o tema da fantasia ainda mais autêntico.

Essas suculentas tolerantes à sombra são suficientemente resistentes para se desenvolver na terra proibida de Mordor, em meio à escuridão e à negligência, mas se dão melhor sob luz clara e regadas pelo menos uma vez por semana. Para a planta-jade 'Gollum', comece com um exemplar já crescido ou com um pequeno em vaso de 10 cm. Esses dedinhos carnudos se tornam bastante pesados com o tempo, por isso insira algumas estacas ou palitos no intervalo das raízes para manter a planta em pé. As haworthias acabam por produzir brotos que crescem por cima da borda do vaso. Retire-os e enraíze-os seguindo as instruções da p. 38 ou permita que cresçam como o chapéu de um cogumelo.

* Terra fictícia criada pelo escritor britânico J. R. R. Tolkien e cenário de vários de seus livros, inclusive *O Senhor dos Anéis*.

As receitas 123

Minijardim de ervas

LUZ	UMIDADE DO SOLO	UMIDADE DO AR
Solar	Média	Média

Lista de compras

- Vaso pequeno
- Substrato comum
- **A** 1 alecrim *(Rosmarinus officinalis)*
- **B** 4 tomilhos variados *(Thymus* cv.*)*

Opções de plantas

Entre tantos tomilhos e alecrins à escolha, quem consegue decidir? Thymus vulgaris *é o tomilho comum, mas há muitos outros, como tomilho-limão, tomilho-rasteiro e tomilho-francês. O comumente cultivado* Rosmarinus officinalis *pode atingir de 60 cm a 1,20 m se não for podado, mas o cultivar 'Roman Beauty' tem minha preferência por seu aspecto de arbusto anão.*

Pensando no público mais exigente, reuni duas tendências de jardinagem em um único vaso: jardim em miniatura e comestíveis! Para transformar um punhado de ervas comuns em um canteiro minúsculo de árvores saborosas e arbustos deliciosos, escolhi um vaso pedregoso e em formato de cumbuca que oferece ao projeto a sensação do clima quente e ensolarado do Mediterrâneo. Além disso, acrescentei um pouco de forração decorativa; o cascalho foi sugerido por um solícito funcionário da loja de plantas que o recolheu do pátio. O resultado é um arranjo com aparência natural que parece ter anos de cultivo. Quando podar as plantas para obter um visual de bonsai envelhecido, não se esqueça de adicionar os cortes das ervas à comida! Use o tomilho para carnes, frutos do mar e caldos, e enrole o alecrim em peitos de frango ou cortes de porco antes de prepará-los. Coloque o arranjo no peitoril da janela da cozinha ou sobre a mesa de uma sala de jantar ensolarada, onde ele possa ser usado enquanto cozinha ou janta.

Para que o tomilho e o alecrim cresçam com formato de árvore, retire os galhos e as folhas de baixo para criar troncos. Para torná-los arbustivos, pode-os como faria com uma cerca viva. Regue bem as plantas todas as vezes, mas não deixe a terra ficar encharcada. A maioria das pragas pode ser tratada passando o arranjo sob a água da torneira, mas, no caso de infestações mais graves, pulverize com sabão inseticida e depois enxágue bem com água. Troque as plantas conforme declinarem (ou forem comidas) por novos exemplares vigorosos ou mudas enraizadas criadas por você; se comprá-los no supermercado, exponha-os ao sol lentamente, para não queimarem. Se perceber que as plantas não estão se desenvolvendo como deveriam ou que as folhas estão amarelecendo, alimente-as com fertilizante balanceado de acordo com as instruções do rótulo.

As receitas 125

Cascata de plantas

LUZ	UMIDADE DO SOLO	UMIDADE DO AR
Clara	Alta	Alta

Lista de compras

- Vaso grande
- Substrato comum
- Fibra de couro ou turfa
- **A** 1 caeté-bravo (*Stromanthe sanguinea*)
- **B** 1 clorofito (*Chlorophytum comosum*)
- **C** 1 cacto-macarrão (*Rhipsalis* spp.)
- **D** 2 heras-roxas (*Hemigraphis*)

Opções de plantas

Se não encontrar o caeté-bravo, substitua-o por uma planta alta como a Calathea lancifolia *ou a* Calathea ornata. *A seringueira* (Ficus decora) *também funciona e é bastante comum. Qualquer* Rhipsalis *proporciona um bom efeito cascata, mas uma peperômia trepadeira ou um filodendro são outras opções.*

Barulhos estranhos começaram a soar logo depois que plantei este vaso com um caeté-bravo verde-escuro e arroxeado e o coloquei junto da janela. Todas as noites, pontualmente, minha mulher e eu ouvíamos um sussurro alto na sala de visita, e as persianas, então, balançavam, fazendo-nos pensar que um animal tinha se abrigado em uma planta, procurando por um lugar quentinho no inverno. Foi só depois da décima ou décima terceira vez que percebi que não era um animal que fazia o barulho, mas a própria planta! O caeté-bravo tem o mesmo comportamento de suas parentes, as plantas rezadeiras, de fechar as folhas à noite para conservar água, mas como ele é maior o efeito fica bem mais perceptível. Então, é isto: o caeté-bravo é uma planta roxa grande que se fecha em si mesma fazendo barulho. Quem precisa de animal de estimação? Para realçar as folhas pendentes dessa planta extraordinária, cultivei-a em um vaso alto de cerâmica vitrificada com cacto-macarrão e clorofito, que descem em cascata por cima da borda. As heras-roxas formam sombras entre o caeté-bravo e o vaso, criando profundidade e contraste.

Se não encontrar o caeté-bravo roxo usado na foto, há um tipo variegado mais comum, com manchas brancas, rosa e verde-sálvia, que certamente agradará às crianças. Espécies maiores de *Calathea* ou *Maranta* também promovem o mesmo fechamento de folha, ou experimente um escudo-persa (*Strobilanthes*). Por alguns meses após plantar o arranjo é preciso regar o suficiente para manter úmida a camada superior de terra, mas, assim que as plantas firmarem suas longas raízes, você poderá viajar no fim de semana sem se preocupar. Se as pontas das folhas do caeté-bravo começarem a secar, providencie ar mais úmido seguindo as instruções da p. 18. Alimente essas plantas com um fertilizante balanceado para plantas caseiras conforme as instruções no rótulo.

As receitas 127

Porta-orquídeas para banheiro

LUZ	UMIDADE DO SOLO	UMIDADE DO AR
Clara a solar	Epifítica	Média a alta

Lista de compras

- Recipiente largo de bambu (ou cesta de ripas)
- Cascas de pinus para orquídeas
- **A** 1 orquídea-beijo-de-borboleta (*Epilaeliocattleya* 'Butterfly Kisses')
- **B** 1 orquídea-bambu (*Dendrobium parishii*)
- **C** 1 orquídea-mariposa (*Phalaenopsis* spp.)
- **D** 4 correntes-de-moedas (*Dischidia nummularia*)
- **E** 2 cactos-macarrão (*Rhipsalis baccifera*)

Opções de plantas

A beleza deste arranjo é que praticamente qualquer epífita funciona nele. Ainda assim, para um resultado melhor, escolha as que se mantêm pequenas, sem encobrir as vizinhas. Os pequenos híbridos Vriesea *e* Guzmania *são encontrados com facilidade em lojas de plantas, e as orquídeas-mariposa anãs também ganham popularidade.*

O melhor lugar para cultivar as amantes de umidade no ar é o banheiro, mas quem tem espaço para plantas com tantos xampus pela metade e esponjas espalhados? Minha solução é este porta-orquídeas: um segmento de bambu oco plantado com orquídeas, bromélias e outras epífitas. O arame para pendurá-lo permite que fique no nível dos olhos (e nariz), perfumando o banho e fazendo você se sentir em uma cascata na selva. Se o banheiro for muito escuro para plantas, conserve o arranjo em local mais claro durante o dia e leve-o com você para a banheira. O luxo exuberante por ele proporcionado vale o esforço, especialmente em um cenário romântico, na companhia de bolhas, vinho e luz de velas – e não se esqueça da música! O arranjo se torna ainda mais interessante com a inclusão de orquídeas perfumadas, como a *Dendrobium*, que vai envolver o banheiro com fragrâncias doces. Não deixe de fazer o "teste de nariz" antes de comprar a planta para ter certeza de que realmente tem perfume.

Para o porta-orquídeas, corte um segmento de bambu de parede espessa e faça a abertura com uma serra, ou compre-o pronto de um dos fornecedores listados na p. 170. Se preferir algo menos trabalhoso, porém, use qualquer coisa, de uma cesta de ripas de madeira a um porta-xampu de inox. Uma hora antes de retirar as orquídeas dos vasos em que vierem, encharque as raízes para que fiquem flexíveis e não quebrem no traslado. Coloque as bolas de raízes das orquídeas no "vaso" e acrescente as divisões e mudas de cacto-macarrão, bromélia e corrente-de-moedas nos intervalos. Quando tudo estiver no lugar, despeje devagar o substrato para orquídea e regue bem para firmar. As mudas florescerão em cerca de um mês conforme lançarem novas raízes. Deixe o substrato secar pelo menos um pouco entre as regas, e, se o arranjo ficar no banheiro, evite respingar sabonete ou outros produtos nele.

As receitas 129

Plantas sobre plantas

LUZ	UMIDADE DO SOLO	UMIDADE DO AR
Clara a solar	Epifítica	Média a alta

Lista de compras

- Vaso de fibra de coco
- Cascas de pinus para orquídea
- **A** 1 bromélia (*Vriesea sucrei* híbrida)
- **B** 1 cacto-macarrão (*Rhipsalis micrantha*)
- **C** 1 cacto-macarrão-coral (*Rhipsalis cereuscula*)
- **D** 1 cacto-da-primavera (*Hatiora gaertneri*)
- **D** 1 asplênio-ninho-de-ave (*A. japonicum*)

Opções de plantas

Uma das coisas de que mais gosto nas epífitas é que elas são muito eficientes. Quase todas as orquídeas, samambaias, bromélias ou cactos epifíticos funcionam nesta receita, mas recomendo usar uma bromélia como ponto focal para manter a proposta. Se não encontrar cacto-da-primavera ou cacto-macarrão, a flor-de-maio é uma boa substituta.

Quatro anos atrás montei uma penca de epífitas em um xaxim* em forma de cuia e, desde então, só dei a elas o mínimo de água e fertilizante. Fiquei até um mês sem regá-las! O cacto-da-primavera tem florido todos os anos apesar de minha negligência, e, mesmo após semanas sem água, os botões das flores vermelhas estão se formando nas pontas de seus caules. A bromélia e suas descendentes floresceram duas vezes desde o plantio, cada uma apresentando uma "pluma" vermelha com flores amarelas. Este é um arranjo muito fácil de cultivar. O único acréscimo recente é o asplênio-ninho-de-ave, mas, como também é uma epífita duradoura, vai se desenvolver alegremente em seu novo lar.

Plantar um arranjo de epífitas é bastante simples. Compre um vaso de fibra de coco e mergulhe-o na água antes de colocar as plantas. Se ainda não tiver um furo no meio, cave-o com uma faca afiada. Plante a samambaia na concavidade e preencha os espaços ao redor da bola de raízes com substrato ou cascas de pinus para orquídeas. As outras plantas podem ser afixadas com arame comum ou encapado. Regue bem até que as raízes se desenvolvam e se firmem. Para manter o arranjo saudável e exuberante, alimente-o periodicamente com um spray foliar, como terra de compostagem diluída em água, conforme as instruções da p. 36. Depois da florada, a bromélia vai criar brotos, que podem ser desbastados e separados – gire-os e puxe-os a partir do ponto de encontro com a planta-mãe. Coloque a cuia do arranjo sobre um prato, azulejo ou placa de pedra para o excesso de água não danificar o móvel. Regue o arranjo todo com um borrifador uma vez por semana ou coloque-o de vez em quando na pia sob água corrente.

* Vaso feito da massa fibrosa de raízes de uma espécie de samambaia nativa da Mata Atlântica, ameaçada de extinção devido à extração exaustiva. O xaxim é proibido no Brasil, mas pode ser substituído pelo vaso de fibra de coco.

As receitas 131

Pote de plantas no fim do arco-íris

LUZ	UMIDADE DO SOLO	UMIDADE DO AR
Clara	Média a alta	Alta

Lista de compras

- Vaso grande
- Substrato comum
- **A** 2 crótons (*Codaieum variegatum*)
- **B** 3 periquitos-gigantes (*Alternanthera dentata* 'Little Ruby')
- **C** 3 avencas (*Adiantum raddianum*)
- **D** 3 begônias-cerosas (*Begonia semperflorens* cv.)

Opções de plantas

Como é improvável que você encontre plantas caseiras azul-cobalto, comece por um vaso azul. Depois, ache plantas roxas e verdes para as laterais. É um pouco complicado conseguir plantas com folhas amarelas e laranja como as deste cróton, mas cóleos e camarão-amarelo se revelam bons substitutos.

Caco, o sapo*, daria pulinhos de alegria com este arranjo colorido. Eu realmente consigo imaginá-lo entusiasmado com essa conexão do arco-íris, agitando os braços de feltro verde para comemorar. Lembra-se de quando, muito tempo atrás, Caco perguntou "o que está do outro lado do arco-íris"? Eis a resposta. Ainda me referindo ao anfíbio filósofo, tenho certeza de que ele gostaria da ironia de não encontrar um pote de ouro, e sim um pote com as cores do arco-íris. O que poderia ser melhor do que um arco-íris que nunca acaba? Para capturar essa ilusão, comecei com um cróton, que vai de quase preto para vermelho, laranja e amarelo. Os periquitos-gigantes roxos fazem a transição do azul para o vermelho e as avencas verdes preenchem o espaço entre o azul e o amarelo. As pequenas begônias-cerosas espalhadas foram plantadas para completar o vaso e podem ser retiradas quando as outras plantas se desenvolverem.

Um arranjo mítico como este se desfaz no ar se as condições não estiverem perfeitas. De forma parecida com os arco-íris reais, o cróton, os periquitos-gigantes, as avencas e as begônias gostam de umidade e exibem sua verdadeira beleza se partículas de água estiverem presentes no ar. Proporcione essas condições mantendo o arranjo em um banheiro úmido e bem iluminado, ou borrife-o diariamente e deixe-o na sombra fora de casa no verão. A avenca é a mais mimada do grupo e enfraquece se a terra secar. Corrija o solo com fibras de coco para evitar o problema. Conforme as plantas ganharem volume, desbaste os ramos e retire as que mostrarem menos vigor. Adube com fertilizante para plantas de interior ligeiramente diluído uma vez por mês durante a época de crescimento.

* Um dos Muppets criados por Jim Henson.

As receitas 133

Perfeição na poncheira

LUZ	UMIDADE DO SOLO	UMIDADE DO AR
Clara	Média	Média

Lista de compras

- Vaso grande e largo
- Substrato comum
- **A** 2 plantas-tapete
  (*Episcia cupreata* 'Chocolate Soldier')
- **B** 1 maranta-cascavel (*Calathea lancifolia*)
- **C** 2 jiboias-verde-limão
  (*Epipremnium aureum* 'Neon')

Opções de plantas

A única planta aqui que precisa de luz clara e umidade no ar é a planta-tapete, mas, se substituí-la por uma mais duradoura, como a jiboia-prateada, terá cores semelhantes com menos esforço. A maranta-cascavel pode ser trocada por aspidistra (Aspidistra elatior), seringueira (Ficus decora) ou qualquer outra planta que se apresente ereta com folhas escuras.

O primeiro jardim em vaso você nunca esquece. Embora esta não tenha sido minha primeira receita, ela inaugurou este livro e me acompanha em um canto do estúdio desde que comecei a escrever. Minha casa acabou tomada por outros arranjos, mas mantenho um lugar tranquilo para aquele que deu início a tudo. A maranta-cascavel parece dizer "boa noite" quando fecha suas folhas e roça contra a prateleira, e escovar delicadamente a folhagem da planta-tapete tornou-se uma rotina diária. As impressionantes folhas verde-limão da jiboia brilham contra os tons escuros da maranta-cascavel, e eu as vejo mesmo à noite, quando passo a seu lado para buscar um copo d'água. Embora seja a jiboia a planta que mais se destaca, minha preferida é a planta-tapete. De vez em quando ela floresce em um espetáculo de flores vermelhas, dando um toque a mais de animação ao arranjo quando eu menos espero. Ao fazer uma versão própria da receita, não se esqueça de que a jiboia néon é o ingrediente secreto que faz tudo funcionar; se não encontrá-la, porém, use uma *Philodendron hederaceum* 'Lemon-Lime' para obter uma folhagem verde-limão semelhante em uma planta pendente.

Se permitir, tanto a jiboia quanto a planta-tapete vão ultrapassar a borda do vaso, por isso retire as hastes finas conforme a necessidade ou coloque as hastes mais longas na superfície do solo para que criem raízes e deem lugar a plantas mais vigorosas. Elas suportam uma boa dose de negligência, mas manter a terra úmida promove um crescimento consistente. Nunca deixe a planta-tapete murchar a fim de não interromper seu espetáculo de flores vermelhas. Se desejar floradas numerosas e uma folhagem mais saudável, adube regularmente com fertilizante para plantas caseiras conforme as instruções do rótulo.

As receitas   135

Gota de floresta tropical

LUZ	UMIDADE DO SOLO	UMIDADE DO AR
Fraca a ensolarada	Epifítica	Média a alta

Lista de compras

- Bola de videira
- Musgo esfagno
- **A** 2 cactos-macarrão-garra-de-corvo *(Rhipsalis micrantha)*
- **B** 1 cacto-macarrão-lápis *(Rhipsalis baccifera)*
- **C** 4 cactos-macarrão-coral *(Rhipsalis cereuscula)*
- **D** 1 planta aérea *(Tillandsia ionatha)*
- **E** 5 sonhos-de-beberrão *(Hatiora salicornioides)*

Opções de plantas

Para substituir os duráveis cactos-macarrão, há o cacto-da-primavera (Hatiora gaertneri) *e a flor-de-maio* (Schlumbergera truncata), *que também são bastante resistentes depois de se firmarem. Se dispor de uma janela ensolarada, tente usar suculentas.* Echeveria, Sedum *e* Crassula *são boas escolhas, desde que deixe secar o musgo esfagno entre as regas.*

Há muitos anos, decidi reinventar o vaso para orquídea. Não que houvesse necessariamente algo de errado com os vasos de orquídea e as cestas de ripas trançadas, mas estava tão fascinado pela biodiversidade de um galho de floresta tropical que precisava capturar essa visão para minha varanda. Muitas anotações e rascunhos depois, a ideia veio. Comecei enchendo uma bola de videira com musgo esfagno e mudas de cactos-macarrão e criei o primeiro exemplar do que eu acabaria por chamar de gotas de floresta tropical: bolas penduradas com a vida exuberante desse ambiente, cultiváveis em qualquer casa. No início vendi vários arranjos, mas, como são tão fáceis e divertidos de fazer, decidi que deveria ensinar às pessoas como criá-los. Constituem também uma bela decoração de festas e casamentos.

Este é um projeto totalmente criativo, então a disposição de cada planta fica por sua conta. Encha uma bola de galhos secos de videira com musgo esfagno úmido, enfie primeiro a raiz das plantas epífitas e firme bem com mais musgo. Usar mudas sem raízes também funciona, mas, para firmá-las mais rapidamente, divida o vaso e plante-as com as raízes intactas. Orquídeas, suculentas, peperômias e bromeliáceas podem ser cultivadas da mesma forma. Exiba a gota de floresta tropical dependurada do teto, presa a uma parede, em um prato ou em cima da mesa. Uma vez por semana, borrife a bola com um pulverizador ou remova-a e segure-a sob a torneira. Se notar espaços vazios, complete com outras mudas, mas faça-o na bola inteira para que não fique desigual e deixe um espaço para pendurar o arranjo no teto ou na parede!

As receitas 137

Margarita de framboesa

LUZ	UMIDADE DO SOLO	UMIDADE DO AR
Clara a solar	Baixa a média	Média

Lista de compras

- Vaso grande
- Substrato comum
- Substrato para orquídea
- **A** 4 lágrimas-de-rainha (*Billbergia hoelscheriana*)
- **B** 1 lágrimas-de-rainha (*Billbergia* 'White Cloud')
- **C** 1 estrela-da-terra (*C. bivittatis* 'Red Star')
- **D** 2 bromélias-vriesea (*Vriesea vagans*)
- **E** 5 plantas pseudorhipsalis (*Pseudorhipsalis ramulosa*)

Opções de plantas

As bromélias Billbergia, *em sua maioria, substituem bem a bromélia deste arranjo, e a vaso-prateado* (Aechmea fasciata) *é outra comumente usada. Se tiver dificuldade para encontrar cacto epifítico como o* Pseudorhipsalis *usado aqui, tente substituí-lo e as bromélias mais curtas por suculentas, que se desenvolverão ao lado das lágrimas-de-rainha em um peitoril ensolarado.*

É difícil de acreditar, mas as graciosas lágrimas-de-rainha valorizadas neste arranjo não passam de ervas daninhas na Flórida, onde vivo. Elas eram compartilhadas entre os jardineiros antes da existência de grandes lojas de materiais para casa, mas essa prática ficou no passado, o que as obrigou a se defenderem sozinhas. A maioria dos exemplares de *Billbergia* de minha coleção foi resgatada de terrenos abandonados, onde suas folhas bronzeadas permanecem camufladas contra a grama morta como um sutil lembrete de que alguém, algum dia, teve um jardim ali. Retire esses diamantes de condições inóspitas e eles brilharão. Sob luz clara ou direta, as folhas ganham intensidade e desenvolvem salpicos esbranquiçados e pontos semelhantes a sardas na parte de trás; sob pouca luz, ficam arqueadas e verde-oliva. Eu usei um vaso médio cor de creme para combinar com os sinais da *Billbergia* e complementei sua coloração rosa e verde com uma estrela-da-terra, mais bromélias e alguns cactos *Pseudorhipsalis* rosa.

Há centenas de espécies de *Billbergia*, mas a mais fácil de encontrar é a *Billbergia nutans*. Ela ostenta as mesmas flores pendentes, mas as folhas estreitas são verdes e graciosamente arqueadas em oposição às rígidas e eretas folhas da *B. hoelscheriana*. Por causa de sua aparência, um amigo a apelidou de "planta-faca". Use luvas para plantá-las, porque as folhas afiadas podem causar uma ligeira irritação. Não é necessário adubar, mas um alimento para orquídea ou terra de compostagem diluídos em intervalos de meses garantem um crescimento vigoroso.

As receitas   139

Coquetel vermelho

LUZ	UMIDADE DO SOLO	UMIDADE DO AR
Clara	Média	Média

Lista de compras

- Vaso grande
- Substrato comum
- **A** 1 café-de-salão-vermelho *(Aglaonema)*
- **B** 1 hortelã-graúda *(Plectranthus amboinicus)*
- **C** 2 singônios *(Syngonium podophyllum)*
- **D** 1 planta-tapete-rosa *(Episcia)*

Opções de plantas

Como essas plantas têm necessidades muito básicas, apresentam inúmeras substitutas possíveis. Para folhas rosa, entretanto, procure caládios, bromélias-rosa Neoregelia *ou, talvez, uma* Dracaena marginata *'Colorama'. Seja como for, faça um esforço para encontrar uma planta de folha rosa, pois o resultado compensará bastante!*

Repleto de plantas indisciplinadas e prontas para irromper, este coquetel de sabores tropicais exibe a plenitude que se espera de um arranjo tradicional de flores para a área externa. Se os singônios verde-limão não tomarem conta do vaso inteiro primeiro, a aromática hortelã-graúda ou a planta-tapete-rosa vão disputar a dominância. O café-de-salão-vermelho é uma planta recente, com bordas vermelho-rubi, mas tem se provado tão duradouro quanto os outros que estamos acostumados a ver nas salas de espera. Ele vai crescer na vertical, formando um agrupamento de folhas exótico o suficiente para atrair um segundo olhar. Coloque amostras das folhas picantes da hortelã-graúda na comida, ou apenas sinta seu aroma. Na verdade, a mistura toda parece boa para comer, mas não – repito, *não* – ingira as outras plantas do vaso, porque não são comestíveis e podem conter veneno. Aliás, nunca coma uma planta sem conhecê-la.

A parte inconveniente de um arranjo generoso é que vai precisar mantê-lo bem cuidado. Remover um ou dois singônios logo que ganharem volume evita o sufocamento das outras plantas. Retire as hastes que atingirem o chão e, se quiser, propague-os conforme os passos da p. 37. Proporcione tanta luz indireta quanto possível, pois assim a planta-tapete produzirá suas flores laranja-avermelhadas. Conserve a terra úmida o tempo todo para manter o crescimento estável. Evite que a umidade se concentre nas folhas da planta-tapete, caso contrário elas apodrecem. Adube de vez em quando com um fertilizante balanceado para plantas caseiras a fim de manter o aparecimento das folhas exuberantes e transplante o arranjo para um vaso maior se as raízes crescerem demais e ficarem apertadas.

As receitas 141

Prata e sálvia

LUZ	UMIDADE DO SOLO	UMIDADE DO AR
Fraca a clara	Média	Média

Lista de compras

- Vaso grande
- Substrato comum
- **A** 1 jiboia-prateada (*Scindapsus pictus* 'Argyraeus')
- **B** 2 camedóreas-elegantes (*Chamaedorea elegans*)
- **C** 2 dracenas (*Dracaena deremensis* 'Lemon Lime')

Opções de plantas

Essas plantas são relativamente fáceis de achar, exceto a jiboia-prateada 'Argyraeus'. Eu recomendo que a procure, mas, se necessário, substitua-a por uma jiboia-marmorizada 'Marble Queen' ou por uma planta-tapete, ambas bonitas a sua maneira. A dracena 'Lemon Lime' pode ser trocada por qualquer outra dracena disponível.

Não é muito frequente que a planta pendente roube a cena, mas a *Scindapsus pictus* 'Argyraeus' é extraordinária. A jiboia-prateada é parente da jiboia-dourada e apresenta folhas aveludadas verde-sálvia tão grandes e prateadas que facilmente se transforma no ponto focal do arranjo. Seus amigos vão parar para sentir as folhas coriáceas, que lembram muito o couro gasto ou a camurça se comparadas às plantas caseiras mais lustrosas com que eles estão acostumados. Procure obter o cultivar 'Argyraeus', porque a espécie comum tem folhas verde-escuras menores e este possui folhas prateadas que se destacam no escuro. Para aproveitar a folhagem prata, eu o coloquei em frente das *Dracaena* 'Lemon Lime' e de uma formação de camadóreas-elegantes de um verde intenso. Tanto as dracenas quanto as camadóreas crescerão para cima, criando um fundo interessante, enquanto a jiboia vai pender em direção ao solo. Coloque o vaso em uma superfície elevada, como uma mesinha de café, a fim de que a jiboia tenha bastante espaço para cair. Apesar de a jiboia-prateada ser o evento principal, dê uma boa olhada nas palmeiras camadóreas de aparência tropical que ficam por trás, já que elas em algum momento vão ficar tão altas e exuberantes que emprestarão um ar de ilha a sua sala.

Todas essas plantas são duradouras e capazes de suportar uma semana sem água. Este é um dos arranjos do livro que toleram sala escura, mas um local com mais claridade promove dracenas densas e atraentes. As camadóreas em geral são vendidas em vasos cheios de mudas para parecerem mais cheias, e é bem provável que pelo menos algumas delas morram à sombra das outras. Retire as folhas ou hastes mortas para a luz alcançar as demais palmeiras e minimizar o risco de pragas.

As receitas 143

Tons de cinza

LUZ	UMIDADE DO SOLO	UMIDADE DO AR
Solar	Baixa	Baixa

Lista de compras

- Vaso médio
- Substrato para cacto
- (A) 1 colheres-de-prata (*Kalanchoe bracteata*)
- (B) 3 rosários (*Senecio rowleyanus*)
- (C) 2 judeus-errantes (*Tradescantia zebrina*)
- (D) 3 echeverias (*Echeveria glauca*)
- (E) 1 estrela-da-terra-preta (*C. zonatus*)

Opções de plantas

Não é difícil encontrar suculentas com folhas cinza, e vale a pena usar algumas em torno das bordas do vaso, como a planta-fantasma (Graptopetalum paraguayense), *a* Echeveria glauca *e a* Echeveria *'Topsy Turvy'. Como planta grande central, utilize a planta-panda* (Kalanchoe tomentosa) *ou a espinhenta palmeira-de-madagascar* (Pachypodium lamerei).

Comecei a ler o famoso livro *Cinquenta tons de cinza* com a respiração ofegante e grande ansiedade pela emocionante incursão em um tópico sedutor que me deleita. Então, imagine minha decepção quando percebi não apenas que o livro não tratava da teoria da cor, mas também que não tinha a menor ligação com o cinza! Já que a autora, E. L. James, nunca chegou a abordar o tema como eu esperava, suponho que cabe a mim compartilhar minha paixão por uma cor que, enquanto apreciada em filmes e fotos, é tristemente desprezada nos jardins. Uma planta cinza é de fato muito especial. Plantas cinza como a *Echeveria* e a *Kalanchoe* neste arranjo só *parecem* ser cinza. Isso ocorre devido à densa disposição de minúsculos pelos que refletem a luz e evitam a perda de umidade. Essa ilusão trabalha a nosso favor, já que cada planta emana uma sensação de atemporalidade e sofisticação, e o vaso de concreto com textura de madeira solidifica a impressão. Para conferir um pouco de profundidade e interesse a um arranjo que de outra forma seria monótono, incluí uma estrela-da-terra-preta e uma forração roxa e preta de judeu-errante.

    Coloque o vaso em uma janela ensolarada e gire-o de vez em quando para expor todas as plantas aos raios do sol. Se o judeu-errante crescer demais, retire as hastes mais longas na base. Algumas vezes aparecem cochonilhas nas colheres-de-prata, mas é fácil removê-las com a mão. A estrela-da-terra necessita de alguma umidade no ar para se desenvolver; se não puder garantir tal exigência, troque-a por outra planta preta, como a *Echeveria* 'Black Prince'. Por outro lado, essas plantas aceitam tão bem ser castigadas que quase parecem sentir prazer nisso, então não precisa mimá-las com muita água.

As receitas 145

Suculência sombria

LUZ	UMIDADE DO SOLO	UMIDADE DO AR
Clara a solar	Baixa	Baixa

Lista de compras

- Vaso grande
- Substrato para cacto
- **A** 1 sanseviéria
  (*Sansevieria* 'Bantel's Sensation')
- **B** 3 haworthias de folhas translúcidas
  (*Haworthia marumiana* cv. *batesiana*)

Opções de plantas

Qualquer Haworthia *ou* Gasteria *ficaria bem na base da sanseviéria, mas, para uma receita mais tolerante à sombra, troque-as por sanseviéria em forma de roseta (*Sansevieria trifasciata *'Hahnii'). Se a* Sansevieria *'Bantel's Sensation' se mostrar difícil, não se preocupe, são todas assim. A mais comum exibe folhas largas e bordas douradas.*

Nenhuma planta caseira é tão adequada para tapetes vivos quanto as suculentas, mas infelizmente a maioria delas necessita de luz solar direta para exibir sua melhor forma. Desde que adquiri minha obsessão por jardinagem, tenho me inspirado nos trabalhos criativos de arte viva criados por jardineiros e quis começar a fazer tapeçarias de suculentas em meu apartamento. Porém, com apenas uma janelinha para fornecer luz solar direta, parecia que eu estava sem sorte – até que aprendi sobre o lado mais sombrio das suculentas. Este arranjo captura o melhor dos dois mundos e é pequeno o suficiente para caber em qualquer lugar, ainda que alto o bastante para causar impacto. A mais popular das suculentas tolerantes à sombra é a sanseviéria, e por uma boa razão. Mas, em vez das sanseviérias variegadas padrão, usei o híbrido dramático e incomum *Sansevieria* 'Bantel's Sensation' para formar a peça central. A forração de haworthia ecoa as cores da sanseviéria e promove um contraste sutil contra o vaso marrom-escuro, assemelhando-se a um canteiro de musgo aos pés da sanseviéria.

Este arranjo se apresenta mais natural se as plantas forem separadas e replantadas. Compre uma sanseviéria em vaso de 10 cm para usá-la como peça central ou divida uma planta maior conforme as orientações da p. 38. Uma maneira de impedir que as divisões fiquem caindo durante o plantio é amarrar as folhas com barbante até terminar o processo. Na confecção da forração densa de *Haworthia*, separe as rosetas de cada vaso e coloque-as sobre a superfície do solo, exatamente abaixo do rebordo do vaso. Para despejar areia ou vermiculita entre as plantas muitos próximas umas das outras, empregue um funil. Da primavera até o verão deixe o solo secar entre as regas, mas esparse-as no inverno.

As receitas   147

Mundo pequeno

LUZ	UMIDADE DO SOLO	UMIDADE DO AR
Clara	Média	Média

Lista de compras

- Vaso raso bem grande
- Substrato comum
- Cascalho
- Pedras chatas ou lascas de cerâmica
- **A** 1 figueira-benjamim (*Ficus benjamina* 'Variegata')
- **B** 3 aspargos-pendentes (*Asparagus densiflorus*)
- **C** 2 musgos-escoceses (*Sagina subulata*)
- **D** 1 hera-inglesa (*Hedera helix* cvv.)
- **E** 1 grama-preta (*Ophiopogon japonicus* 'Nana')

Opções de plantas

*Não existem muitas plantas em miniatura à disposição, por isso, em vez de especificar, digo o que deve procurar: crescimento lento e folhas pequenas. Musgo-tapete (*Selaginella *spp.) e samambaias menores são ótimas devido à folhagem fina, assim como as peperômias pelas folhas diminutas. A figueira-benjamim é comum, mas pode ser substituída por qualquer planta com formato de árvore. A arália-ming é outra opção.*

Usar tesoura e colheres em vez de cortador de grama e pás faz o minijardim se parecer muito com um de verdade, mas sem dor nas costas. Para um aspecto realista, em geral são escolhidas plantas pequenas, mas este arranjo revela várias cartas na manga que lhe conferem ainda mais intensidade. Ah, e ele na verdade é bem grande. Plantado no maior vaso para bonsai que encontrei, com uma figueira-benjamim de bom tamanho, precisa de um balcão ou um tampo de mesa amplos para produzir efeito satisfatório. Outro truque empregado que torna o diorama convincente é a chamada perspectiva forçada, obtida colocando-se as plantas com folhas maiores em primeiro plano e as com folhas menores no fundo. Os aspargos formam como que um bosque de pinheirinhos em uma colina distante e se conciliam com os "arbustos" de líquen decorativo. A areia preta parece diminuir a parte de trás, enquanto o cascalho e as pedras mais claros em primeiro plano saltam para a frente, fazendo a forração exuberante de grama-preta anã e hera-inglesa ganharem grandes proporções.

A única parte complicada na montagem deste arranjo é conseguir que a bola de raízes da figueira-benjamim caiba no vaso raso. Separe delicadamente a porção inferior dela para que o colo da árvore se nivele com a beirada do recipiente. Espalhe as raízes pelo fundo do vaso para se estabilizarem. Lave com a mangueira a camada superior de terra, expondo as raízes. Pode os ramos mais baixos a fim de minimizar o choque da transposição e obter o formato de árvore. Em seguida, acrescente as outras plantas, formando colinas e vales na terra. Finalize o arranjo com forração decorativa, como pedras, cascalho e cascas de pinus. Mantenha a terra úmida e pode quando necessário… ou desejado. Você vai achar tão divertido que acabará plantando sementes de azevém só para ter a desculpa de aparar a grama do jardim!

As receitas 149

Eclipse Solar

LUZ	UMIDADE DO SOLO	UMIDADE DO AR
Solar	Baixa a média	Baixa

Lista de compras

- Vaso pequeno e largo
- Substrato para cacto
- **A** 4 haworthias (*Haworthia* spp.)
- **B** 3 sedos-ponto-dourado (*Sedum* 'Gold Dot')
- **C** 1 haworthia (*Haworthia coarctata*)
- **D** 1 peperômia (*Peperomia graveolens*)
- **E** 1 cremnosedum (*Cremnosedum* 'Little Gem')
- **F** 1 bromélia (*Neoregelia* 'Wild Tiger')

Opções de plantas

Vai ser difícil encontrar outra planta igual à Peperomia graveolens, *mas vale a pena procurar por uma peperômia cujas folhas também mudem de cor quando expostas a mais luz, como a 'Peppy' ou a* Peperomia dolabriformis. *O sedo necessita de mais água do que o restante do grupo, mas os maiores, como rabo-de-burro (*Sedum morganianum*) e dedo-de-moça-rubro (*Sedum rubrotinctum*), suportam condições semissecas.*

Tudo começa com um lindo vaso de flores, e, quando você se dá conta, o carrinho está lotado, e a carteira, vazia. É claro que, às vezes, a criatividade pode sair caro, mas, em geral, vale o investimento. Quando vi este vaso cor de maçã do amor na loja, senti urgência em encontrar algumas plantas que justificassem minha compra impulsiva, mas, depois de quinze minutos de busca infrutífera, devolvi o vaso à prateleira e me parabenizei por ter economizado. Vi, então, já na fila do caixa, uma planta que parecia feita sob medida para complementar o vermelho do vaso e que poderia ser vendida para outra pessoa se eu não agisse rápido. Era a *Peperomia graveolens* e tinha – veja só – folhas suculentas vermelhas e lustrosas, com áreas translúcidas, como um carro esportivo vermelho com teto solar. Eu não precisava de um carro esportivo, mas podia justificar a compra de uma planta que se parecia com um. Combinada com a quase preta haworthia e o sedo-ponto-dourado, a peperômia se destaca ainda mais e parece uma extensão do próprio vaso. Exiba este arranjo em uma sala de decoração eclética ou use-o para animar festas e churrascos lá fora, sobre uma mesa, durante o verão.

Como descobri, a *Peperomia graveolens* é uma planta tranquila e prospera tanto sob luz solar direta quanto com luz clara indireta. Mas é melhor deixá-la em uma janela face norte para obter uma aparência melhor. Permita que 2,5 cm da camada superior do solo sequem entre as regas, mas não por completo, para o sedo-ponto-dourado não perder as folhas de baixo. Com o intuito de impedir que o sedo se alongue, mantenha-o voltado para a janela, mais exposto à luz. Se as haworthias preencherem o vaso e formarem bolas de raízes, siga os passos da p. 38 para dividir e replantar.

As receitas 151

Tratamento de spa

LUZ	UMIDADE DO SOLO	UMIDADE DO AR
Solar	Média	Média

Lista de compras

- Vaso médio
- Substrato comum
- **A** 1 palmeira-rápis (*Rhapis excelsa*)
- **B** 1 unha-pintada (*Neoregelia spectablis*)
- **C** 2 flores-de-coral (*Russelia equisetiformis*)

Opções de plantas

Se perceber que já conferiu mais de uma vez o preço da palmeira-rápis, escolha outra tolerante à sombra, como a camedórea-elegante (Chamaedorea elegans) ou a palmeira-kentia (Howea forsteriana). A flor-de-coral não é tão comum como deveria, então, para substituí-la, tente samambaias ou clorofitos. Qualquer bromélia funciona bem no lugar da unha-pintada.

Os spas oferecem alguns tratamentos muito esquisitos. Por determinado preço você pode ter seu pé mordiscado por peixinhos com paladar para psoríase ou, se preferir, desfrutar com seu amor um banho de banheira cheia de vinho tinto. Se essas lhe parecem cenas de filme de terror, talvez um arranjo pacífico com tema asiático seja suficiente para aliviar sua ansiedade. Ele traz todos os benefícios de uma fonte ornamental, mas sem dor de cabeça! Para o grupo parecer coeso e focado, comece com um vaso de barro sólido e escolha plantas minimalistas. A palmeira-rápis combina as melhores características das palmeiras e do bambu, com caules estreitos e eretos e folhagem verde e lustrosa em palmas de dedos longos, enquanto a flor-de-coral desce em cascata pela borda do vaso em uma enxurrada de flores vermelhas tubulares. Incluí uma unha-pintada para servir de ponto focal, mas qualquer planta em forma de fonte, como asplênio-ninho-de-ave, dracena ou clorofito, funcionará bem. Coloque o arranjo perto do chuveiro ou de seu lugar de leitura, e suas preocupações se manterão a quilômetros de distância.

A bromélia na foto é colorida porque cresceu em local bem ensolarado, mas ficará verde-oliva brilhante sob luz clara. Acrescente uma forração de cascas de pinus para orquídea se desejar um aspecto mais natural e simular teca escura manchada ou mogno. Os cuidados são relativamente simples, mas de vez em quando você terá de retirar as hastes mais longas da flor-de-coral para mantê-las proporcionais. Flores murchas cairão no chão, por isso coloque o vaso sobre superfície sólida, como lajota ou madeira, para facilitar a limpeza. Se tudo parecer confuso demais, substitua a flor-de-coral por cacto-macarrão ou uma trepadeira *Peperomia* ou *Hoya* e acrescente mais cascas para orquídea à camada de cima. Adube com fertilizante para plantas caseiras ou um formulado exclusivo para palmeiras.

As receitas 153

Nuvens de tempestade no crepúsculo

LUZ	UMIDADE DO SOLO	UMIDADE DO AR
Solar	Baixa	Baixa a média

Lista de compras

- Vaso grande
- Substrato para cacto
- **A** 1 estrela-da-terra (*Cryptanthus* 'Pink Starlight')
- **B** 3 plantas-fantasma (×*Graptopetalum paraguayense*)
- **C** 3 plantas graptosedum (×*Graptosedum* 'Bronze')
- **D** 2 sedos-bastardos (*Sedum spurium* 'Red Carpet')

Opções de plantas

Substitua a grande estrela-da-terra por outra bromélia ou suculenta de tamanho equivalente, como aloé ou agave. O truque para cultivar arranjos com colossos como esses é utilizar plantas com talos que se espalhem sob as folhas expandidas e não fiquem sufocados. Boas pedidas são sedos e echeverias.

Uma das experiências mais entusiasmantes na jardinagem é cultivar algo que nenhuma das outras crianças da rua tenha, e a enorme estrela-da-terra é esse tipo de planta. Vai ser fácil encontrar uma *Cryptanthus* em qualquer loja? Talvez não, mas que isso não o impeça de achar sua própria planta especial substituta. Entre todas as bromélias e suculentas à venda em lojas e on-line (p. 170), com certeza você descobrirá uma que seja tão única quanto meu exemplar de estrela-da-terra. A fórmula básica deste arranjo é empregar uma grande suculenta ou bromélia e plantar por baixo suculentas, que ficarão entre a planta principal e o vaso. O objetivo é exibir a peça central especial, por isso use um vaso que contraste bem com a cor da planta. Branco e preto em geral funcionam bem. Exponha seu troféu em frente de uma janela para que os vizinhos possam parar e admirá-lo, boquiabertos diante de sua sorte. E compartilhe com eles divisões da planta caso se sinta especialmente caridoso, seguindo os passos da p. 38.

Ao plantar as suculentas, vergue para trás algumas das folhas mais baixas da estrela-da-terra, criando espaço para aninhar as suculentas pelas raízes. Também não tenha medo de podar algumas folhas teimosas e abrir terreno. Para a rega ficar mais fácil, use um regador ou um pulverizador com bico estreito e enfie-o sob as folhas na borda do vaso. Essa técnica garante que a água siga até a zona das raízes em vez de cair no carpete. Depois de florescer, a *Cryptanthus* formará brotos no centro da planta. Preserve-os ou retire alguns para plantá-los sozinhos.

As receitas   155

Um terrário tentador

LUZ	UMIDADE DO SOLO	UMIDADE DO AR
Clara	Média	Baixa (umidade dentro do terrário)

Lista de compras

- Terrário
- Substrato comum
- Carvão ativado
- Pedras decorativas
- **A** 1 musgo-tapete (*Selaginella flabellate*)
- **B** 1 samambaia-pé-de-coelho (*D. canariensis*)
- **C** 1 antúrio (*Anthurium scherzerianum*)
- **D** 4 estrelas-da-terra (*Cryptanthus bromelioides tricolor*)
- **E** 1 peperômia (*Peperomia* 'Bianco Verde')

Opções de plantas

O terrário é uma ótima oportunidade de ter plantas que amam umidade no ar e que você não poderia cultivar em qualquer outro lugar da casa. Os musgos-tapete (Selaginella spp.), em sua maioria, são boas escolhas, assim como violetas-africanas, plantas-mosaico (Fittonia cv.) e begônias pequenas. Se incluir bromélias ou orquídeas, levante-as sobre gravetos ou cascas de pinus para não apodrecerem no solo úmido.

O mundo seria um lugar muito diferente sem a invenção acidental do terrário. Por volta de 1829, o médico inglês Nathaniel Bagshaw Ward olhou dentro de uma jarra de vidro que continha um de seus casulos de borboleta e percebeu que uma avenca minúscula e grama haviam brotado no recipiente fechado, sobrevivendo apenas da umidade do ar por trás do vidro. Sua descoberta significou que orquídeas e outras plantas exóticas poderiam ser transportadas por mar e cultivadas por seus conterrâneos jardineiros. Lembre-se de que eles não possuíam um sistema central de aquecimento para manter as plantas tropicais e precisavam lidar com a poluição do ar à época, que fazia o cultivo em ambiente controlado uma necessidade. Hoje dispomos de ar limpo e aquecido, mas o terrário sempre terá seus atrativos. Esta receita usa uma variedade de plantas adequadas à vida sob o vidro e oferece uma bela visão de manhã se colocado sobre a cômoda ou a escrivaninha.

Quando for montar o terrário, primeiro remova os painéis de vidro, de modo a facilitar o acesso. Acrescente uma camada fina de cascalho para drenagem. Disponha como preferir as plantas maiores na superfície do cascalho, separando as raízes e aninhando as estrelas-da-terra no solo. Amplie a dimensão e o interesse com o acréscimo de colinas e riachos. Para fazer colinas, crie um montinho de fibras de coco ao redor de uma bola de raízes e disponha as plantas pequenas diante dele. No caso do leito de um rio, coloque as pedras sobre a camada de drenagem e mantenha a área livre de crescimentos e de detritos à medida que as plantas se desenvolvem. Terminado o plantio, regue o terrário apenas após o composto começar a secar. Se a composição exalar um cheiro azedo, retire as folhas mortas, examine a presença de pragas e deixe arejar antes de retomar o cuidado normal.

As receitas   157

Pequeno Polegar

LUZ	UMIDADE DO SOLO	UMIDADE DO AR
Solar	Baixa	Baixa

Lista de compras

- Vaso bem pequeno
- Substrato para cacto
- **A** 2 pedras-vivas (*Lithops* spp.)
- **B** 3 divisões de haworthia (*Haworthia* spp.)
- **C** 2 mudas de dedinhos-de-moça-rubros (*Sedum rubrotinctum* 'Mini')

Opções de plantas

Você não precisa da haworthia e dos dedinhos-de-moça para este minijardim – a maioria das suculentas funcionará bem se pegar mudas e montar um visual entre um arranjo de flores e um jardim em vaso. Quando as mudas enraizarem e ficarem muito grandes, troque-as por novas. Se as pedras-vivas lhe parecerem de cuidado difícil, substitua-as por pedras de verdade.

Não é necessário um vaso grande de cerâmica vitrificada para fazer um arranjo que cause impacto – com menos de 7,5 cm de largura, este peso-pena tem um soco potente. Quantos tipos de planta diferentes há neste vaso minúsculo? Se você viu os pinheirinhos e os arbustos imitados pela *Haworthia* e pelo *Sedum* e respondeu "dois", olhe mais de perto os seixos simétricos na areia. Essas pedras-vivas são, na realidade, plantas! Sei o que está pensando: "Onde vou encontrar essas plantas tão pequenas?". Perceba que especifiquei o uso de duas *mudas* de dedinhos-de-moça e três divisões de *Haworthia*, pois seria muito difícil encontrar tantas plantas vendidas em vasos de 1 cm de largura. Você pode substituir as mudas de dedinhos por outras de qualquer suculenta de folhas pequenas, mas não espere que sejam mais do que aquisições temporárias. Como a pedra-viva requer seca total durante metade do ano, as mudas terão de ser substituídas conforme perderem o vigor. Antes de plantar a haworthia, separe delicadamente os brotos. Distribua as divisões conforme desejar ao longo das pedras-vivas no substrato para cacto e finalize com uma camada de areia decorativa como forração.

    As pedras-vivas têm necessidades específicas, mas praticamente não exigem manutenção. Quanto à quantidade de água, siga estas orientações: no verão, regue somente se as folhas começarem a enrugar e, no outono (a partir de fevereiro), águe bem para dar início ao crescimento, mas deixe a terra secar por completo nos intervalos. No inverno, não regue de jeito nenhum; se a haworthia enrugar, retire-a para molhá-la separadamente e depois recoloque-a. Na primavera, as folhas terão se reduzido a cascas ressecadas; nesse ponto, recomece a regar como no outono. Rebentos sairão das folhas mortas, dando origem a novas formações. Não desanime se as plantas ainda assim secarem, porque elas estão entre as mais difíceis do livro. Pedras de verdade, acredite, são bem mais tolerantes.

As receitas   159

Enfeite de tilândsia

LUZ	UMIDADE DO SOLO	UMIDADE DO AR
Clara	Média	Média

Lista de compras

- Vaso bem pequeno
- Substrato comum
- Substrato para orquídea
- **A** 1 flor-de-maio (*Schlumbergera* × *buckleyi*)
- **B** 5 plantas aéreas (*T. ionatha*)

Opções de plantas

Quase todas as espécies de Tillandsia *funcionam neste arranjo, por isso escolha entre as que estiverem disponíveis. Antúrios, plantas-mosaico e orquídeas são boas escolhas para peça central e podem ser trocadas durante o ano por plantas caseiras mais baixas, como bulbos, crisântemos e violetas-filipinas.*

Há uma época do ano em que os bicos-de-papagaio se rebelam, os bulbos de amarílis tornam-se aborrecidos e os pinheiros-de-norfolk ficam grandes demais para seus culotes, mas a flor-de-maio, com todos os enfeites da *Tillandsia*, manterá sua mágica muito tempo depois de suas flores murcharem e caírem – e, se usar uma porção de plantas aéreas diferentes, receberá floradas como bônus o ano inteiro. Você pode optar por qualquer cacto, aliás, pois todos eles oferecem bons resultados. A flor-de-maio forma bagas após florescer, mas preserva suas hastes atraentes em qualquer estação. Ainda assim, se preferir uma peça central provisória, troque-a pela espécie de sua escolha e transfira as plantas aéreas para o novo vaso.

Eis o que torna este arranjo tão versátil: as plantas *Tillandsia* e a flor-de-maio são completamente removíveis. Encha o vaso até 12,5 cm antes do topo com cascalho ou um meio de drenagem livre. Coloque o vaso de 10 cm da flor-de-maio sobre a camada de cascalho, de modo que a borda desse recipiente fique exatamente abaixo daquela do vaso maior. Preencha o espaço restante com forração decorativa, deixando pouco mais de 1 cm de espaço antes do fim; distribua as plantas aéreas para que se acomodem confortavelmente. Regue a flor-de-maio e as plantas aéreas com borrifador em um intervalo de alguns dias e substitua a primeira, se necessário. Se desejar mantê-la florindo todos os anos, leve-a para fora ou para um lugar mais frio no outono, pois temperaturas baixas a incentivam a formar botões. Em áreas externas, proteja-a contra geadas. Se você tende a regar demais o cacto, considere a opção de cultivar a flor-de-maio em substrato para orquídea ou cascas de pinus, que imitam seu hábitat natural.

As receitas 161

Dossel tropical

LUZ	UMIDADE DO SOLO	UMIDADE DO AR
Clara	Média	Média

Lista de compras

- Vaso bem grande
- Substrato comum
- Cascas de pinus para orquídea (opcional)
- **A** 1 fícus-lira *(Ficus lyrata)*
- **B** 1 gravatá
  (Vriesea carinata)
- **C** 2 bromélias-cometa (*Vriesea* 'Komet')
- **D** 3 peperômias-pendentes (*P.* 'Isabella')
- **E** 4 zamioculcas (*Zamioculcas zamifolia*)

Opções de plantas

Qualquer Ficus *ou* Schefflera *substitui o fícus-lira. Cultive um agrupamento de bromélias, orquídeas e outras epífitas na base da árvore, mas inclua outra planta pendente se não encontrar a* Peperomia *'Isabella'. Flor-de-cera (*Hoya *spp.), cacto-macarrão (*Rhipsalis *spp.) e as plantas* Dischidia *são boas opções, mas, em uma emergência, filodendros ou jiboias funcionam.*

É preciso uma árvore para se erguer uma aldeia, e as raízes agressivas das árvores *Ficus* cumprem a missão com mérito. Nos trópicos elas levantam calçadas, estradas e fundações de prédios, e suas raízes aéreas são famosas por "estrangular" casas. A maioria das espécies não dura muito tempo a seu lado, mas um punhado de plantas especiais consegue coexistir com um adversário como o fícus. Como suas raízes enchem o vaso e absorvem rapidamente a umidade, a solução é selecionar plantas que já lidem com as mesmas condições nas copas das árvores da floresta tropical: as epífitas. As bromélias *Vriesea* absorvem água e nutrientes usando nada além de suas folhas em forma de copo, então podem ser plantadas bem em cima da bola de raízes do *Ficus*, que fica fora da terra. Uma *Peperomia* 'Isabella' verde-limão vai drapejar por sobre a borda do vaso e se espalhar como uma forração de textura fina. As zamioculcas assumem a competição de raízes e de sombra profunda ao avançar e criar um fundo verde-esmeralda de folhas altas. Coloque este arranjo no chão para que o fícus tenha bastante espaço para crescer ereto e transformar sua casa em uma selva.

Depois de se firmarem, essas plantas podem sobreviver até duas semanas sem água, mas mantenha a terra úmida a fim de que se desenvolvam melhor. Regue cada planta, inclusive as *Tillandsia* e as bromélias, para todas terem umidade suficiente. Divida as plantas que crescerem demais e pode os ramos inferiores do *Ficus* para as plantas abaixo dele receberem mais luz. Se a árvore ficar muito grande para o recipiente, reenvase o arranjo ou corte na base os ramos altos, que brotarão onde aparados. Se quiser adubar, pulverize o arranjo (inclusive as folhas) com fertilizante conforme as instruções do rótulo ou com terra de compostagem diluída em água.

As receitas 163

Jardim vertical

LUZ	UMIDADE DO SOLO	UMIDADE DO AR
Clara	Média	Média

Lista de compras

- Kit para jardim vertical
- Substrato comum
- **A** 2 plantas-tapete (*Episcia* 'Chocolate Soldier')
- **B** 3 plantas-batom (*Aeschynanthus radicans*)
- **C** 2 peperômias (*Peperomia scandens*)
- **D** 1 samambaia-botão (*Pellaea rotundifolia*)
- **E** 1 peperômia (*Peperomia glabella*)
- **F** 1 jiboia-verde-limão (*Epipremnum aureum* 'Neon')

Opções de plantas

Você pode usar todos os tipos de planta para obter este visual, mas evite qualquer espécie que fique muito grande ou apresente raízes agressivas. Se a planta tiver tronco como uma Dracaena, lembre-se de que o caule acabará por crescer para cima, e a aparência será totalmente diferente da planejada.

Imagine um quadro que literalmente ganhe vida, saindo da moldura com folhas errantes e flores exóticas. Há muitas opções para desenvolver sua parede viva, de projetos "faça você mesmo" a kits prontos, mas a escolha errada pode culminar em paredes e carpetes encharcados. O kit pronto é ideal porque tem um sistema acoplado de gotejamento que mantém as raízes úmidas e as paredes secas. Se desejar, compre uma placa isolada ou uma armação de madeira (na foto), que pode ser manchada ou pintada para combinar com a decoração. A maioria das plantas se desenvolve quando plantada verticalmente, mas escolhi as pendentes, que ficam achatadas contra a parede e podem ser podadas quando necessário. A planta-batom produz lindas flores vermelhas que saem de receptáculos cor de vinho, e a planta-tapete, com textura aveludada cor de chocolate, oferece um espetáculo de flores quase do mesmo tom de vermelho. Mesmo quando as outras plantas não estão floridas, as folhas verde-limão da jiboia proporcionam um contraste impactante contra a armação marrom-escura manchada.

Plantar e pendurar o jardim vertical é mais fácil do que se pensa. Primeiro, retire o vaso múltiplo da armação e deixe de lado. Manche ou pinte a armação; deixe secar. Volte ao vaso, ponha uma manta de drenagem em cada abertura e coloque-o na armação. Encaixe as plantas, apertando firme o substrato em volta das raízes. Regue bem depois do plantio e mantenha na horizontal por até duas semanas antes de pendurar, de forma que as raízes se estabilizem no solo. Então, pendure a armação de madeira usando o equipamento fornecido. Regar é muito simples: encha o gotejador acoplado e deixe que a água permeie através das mantas de drenagem.

C	F
B	E
D	A
A	B
B	C

As receitas 165

Apelo vitoriano

LUZ	UMIDADE DO SOLO	UMIDADE DO AR
Fraca a clara	Média	Média

Lista de compras

- Vaso médio
- Substrato comum
- **A** 1 aspidistra (*Aspidistra* 'Milky Way')
- **B** 2 heras-inglesas-variegadas (*Hedera helix*)
- **C** 1 samambaia-crespa (*Nephrolepsis* 'Fluffy Ruffles')
- **D** 2 begônias-morango (*Saxifraga stolonifera*)

Opções de plantas

Aspidistras, heras e samambaias têm visual supervitoriano, por isso tente usá-las. Elas são relativamente fáceis de encontrar, mas, se precisar substituí-las, vá de unha-de-gato (Ficus pumila) *no lugar da hera e de café-de-salão* (Aglaonema spp.) *em vez da aspidistra.*

A era vitoriana foi emocionante para as plantas de interior. Conforme as cidades envoltas pelo nevoeiro se enchiam até o limite e a tecnologia tornava-se mais avançada, seus moradores acompanhavam ansiosos as aventuras dos chamados "caçadores de plantas" em exóticas terras estrangeiras e tentavam reproduzir as selvas distantes com plantas dentro de casa. Estufas de vidro conseguiam recolher o calor do sol e manter a umidade do ar para abrigar entusiasmantes seleções de espécimes tropicais, mas a maioria das pessoas cultivava as plantas com aquecimento grosseiro e baixa luminosidade. Disposto em um vaso de barro rústico, este arranjo é semelhante ao que veríamos em uma estufa vitoriana. A aspidistra, aqui disposta no centro, era favorecida pela determinação férrea e pela durabilidade em condições de escuridão e frio, enquanto a hera-inglesa, ao longo da borda, era popular por suportar temperaturas frias em casas sem aquecimento e por lembrar as vistas encontradas do lado de fora. A samambaia-crespa exemplifica tanto o gosto da era vitoriana quanto empresta um apelo suave e tátil que desliza pelas linhas duras da aspidistra.

A aspidistra é resistente como um prego de ferro, mas a samambaia e a hera precisam de umidade no ar. Para obtê-la, siga os métodos da p. 18 ou faça como antigamente: coloque uma campânula de vidro sobre as plantas para protegê-las do clima. Hoje as campânulas são mais valorizadas por seu apelo decorativo. As heras também gostam de frio no inverno, por isso leve o vaso para uma área não aquecida se ela começar a sofrer. Se as mantiver alegres, as plantas vão se espalhar pelo vaso com total abandono, então as divida a cada dois anos e pode a hera-inglesa sempre que necessário. Para um bom crescimento, alimente-as com um fertilizante genérico para plantas caseiras conforme as instruções do rótulo.

As receitas 167

Jardineira de ervas

LUZ	UMIDADE DO SOLO	UMIDADE DO AR
Solar	Média	Média

Lista de compras

- Vaso pequeno
- Substrato comum
- **A** 2 oréganos (*Origanum vulgare*)
- **B** 1 manjericão-variegado (*Ocimum × citriodorum*)

Opções de plantas

A maioria das ervas funciona neste arranjo, e algumas ótimas opções são tomilho, sálvia, cebolinha e hortelã. Se cultivar hortelã, envase-a duplamente para que não sufoque as outras plantas. Se quiser, plante ervas menores nos intervalos enquanto espera que as maiores preencham o espaço.

As ervas são as melhores amigas dos chefs. Uma aromática plantação simples em uma jardineira cabe no parapeito de uma janela de cozinha, e você colherá folhinhas e raminhos sempre que desejar; pode, inclusive, levá-la a uma sala de jantar à meia-luz à noite para que a família e os amigos colham as ervas e decorem os pratos. Quando se trata de selecionar as ervas para a jardineira, a única limitação é o espaço do parapeito, mas os arranjos mais bem montados compõem-se de vários pés de uma erva só, pois isso propicia um visual uniforme. Escolhi o orégano por sua formação densa e porque ele dá um toque estimulante aos pratos com tomate, sobretudo os italianos. A peça central, entretanto, é o manjericão-variegado. Com suas folhas brilhantes que parecem cintilar contra a folhagem mais fina do orégano, ele pode ser cultivado apenas por sua aparência. O grupo talvez pareça esparso após o plantio, mas seja paciente – logo ganhará volume!

Amigas do tempo bom, essas ervas se irritarão se não tiverem luz suficiente, então coloque-as em um parapeito onde contem com pelo menos quatro horas de sol direto todos os dias. Como elas se inclinam em direção à luz, gire o vaso de vez em quando para que preservem a aparência densa e equilibrada. Caso surjam pragas como cochonilhas e ácaros, remova-as com um simples jato de água da torneira da pia da cozinha. Infestações graves devem ser tratadas por meio da pulverização da folhagem com uma solução de 1 colher (chá) de detergente em 3,7 litros de água. Conserve a terra úmida e adube regularmente segundo as instruções do rótulo do fertilizante para manter a produção de suas folhas deliciosas. Só não espere que durem muito, porque, mesmo sob os melhores cuidados possíveis, você verá suas saborosas amigas morrerem, se não comê-las antes.

A B A

As receitas 169

FORNECEDORES

CURSOS E INFORMAÇÕES

Senac
- www.sp.senac.br

Sesc
- sescsp.org.br

ESPÉCIES VEGETAIS

Ceagesp (diversos fornecedores)
- www.ceagesp.gov.br

Uemura Flores e Plantas
- www.uemurafloreseplantas.com.br

MilPlantas Comercial
- www.milplantas.com.br

Shopping Garden
- shopgarden.com.br

ILUMINAÇÃO

Casa Roberto (material para instalação)
- www.casaroberto.com.br

Lumini
- www.lumini.com.br

Yamamura
- www.yamamura.com.br

MATERIAIS

C&C
- www.cec.com.br/jardinagem

Leroy Merlin
- www.leroymerlin.com.br/jardim-e-lazer

ÍNDICE

A

abacaxi-ornamental 1, 42, 118-9
açafrão-da-terra 108-9
Acalypha 55-6, 59, 65
ácaros 40
Adiantum 61, 72-3
    A. raddianum 46, 132-3
adubação e outras tarefas 35-6
Aechmea 42, 55, 57, 62
    A. gamosepala 76-7
    A. fasciata 42, 58, 106-7, 138-9
Aeonium arboreum atropurpureum 59, 116-7
aeração 12
Aeschynanthus 54, 63
    A. lobbianus 52
    A. radicans 164-5
africana, violeta 36, 38, 156-7
agapanto 43
agave 51, 55, 64, 72, 76-7, 154-5
    A. parryi 51
    A. parviflora 51
    A. victoriae-reginae 51
Aglaonema 22, 48, 55, 60, 62-3, 102-3, 140-1, 166-7
    vermelha 140-1
alecrim 124-5
aloé 51, 56, 60, 63-4, 76-7, 154-5
    A. arborescens 51
    A. aristata 51
    A. humilis 51
    A. maculata 51
    A. variegata 57, 78-9
    A. vera 51
    aloé-candelabro 51
    aloé-peito-de-perdiz 78-9
Alpinia 61, 63
    A. zerumbet variegata 48, 108-9
alporquia 38
Alternanthera
    A. dentata 132-3
    A. ficoidea 57
amarílis 160
americana, samambaia 45
Anacampseros telaphiastrum variegata 86-7
Ananas 42, 54
    A. comous 'Variegatus' 59
    A. lucidus 118-9
anatomia das plantas 12
animais de estimação 18

antúrio 12, 18, 102-3
    A. andreanum 102-3
    A. scherzerianum 156-7
arália
    falsa 92-3, 100-1, 112-3
    japonesa 110-1
    ming 92-3, 148-9
argélia, hera-da 110-1
Asparagus 63
    A. densiflorus 148-9
    A. plumosus 56
aspidistra 16, 49, 55, 62-3, 134-5, 166-7
    A. elatior 57, 134-5
asplênio
    A. japonicum 130-1
    A. nidus 45
avenca 46, 72-3, 132-3
Averrhoa carambola 54, 100-1

B

bambu
    celeste 92-3
    da-sorte 45
begônia 37, 38, 53, 55, 60, 63, 156-7
    B. semperflorens 108-9, 132-3
    cerosa 108-9, 132-3
    morango 52, 166-7
Billbergia 62, 138-9
    B. amoena 'Red' 59
    B. hoelscheriana 78-7, 104-5, 138-9
    B. nutans 42
    B. 'Texastar' 58
bola-de-fogo, bromélia 76-7
botão, samambaia 164-5
brasil, filodendro 47
brinco-de-princesa 42
bromélia, 23, 25-6, 36, 38, 42, 62-3, 72-3, 76-7, 88-9, 114-5, 118-9, 120-1, 128-9, 130-1, 138-9, 150-1, 152-3, 154-5, 156-7
    rosa 106-7, 140-1
    cometa 162-3
    gravatá 76-7
    bola-de-fogo 76-7
    palito-de-fósforo 76-7
bulbine 63-5, 80-1
    B. frutescens 80-1
bulbos 43

C

cactácea, substrato para 26
cacto 17, 26, 36, 44, 64
    da-primavera 44, 130-1, 136-7

enxertado 84-5
flor-de-maio 44, 130-1, 136-7, 160-1
macarrão 37, 44, 52, 114-5, 126-7, 128-9, 130-1, 162-3
macarrão-coral 84-8, 130-1, 136-7
macarrão-garra-de-corvo 136-7
macarrão-lápis 136-7
vela 84-5
caetés-riscados-roxos 98-9
café-de-salão 48, 70-1, 102-3, 106-7, 166-7
    vermelho 140-1
caládio 43, 108-9, 140-1
Calathea 48, 55, 63
    C. crocata 48
    C. insignis 88-9
    C. lancifolia 48, 112-3, 126-7, 134-5
    C. majestica albolineata 98-9
    C. makoyana 48, 70-1, 88-9
    C. ornata 70-1, 126-7
    C. roseopicta 98-9
Calliandra 55, 61
    C. haematocephala 49
Callistemon 55, 65
    C. viminalis 49
camarão 49, 74-5, 132-3
camedórea-elegante 46, 142-3, 152-3
carambola 54, 100-1
carpete-dourado 51
carvão ativado 27
casca de pinus para orquídea 27
cebolinha 168-9
Cereus 44, 64
    C. peruvianus 57, 84-5
    cacto-vela 84-5
cerosa, begônia 108-9, 132-3
Chamaedorea 46, 55, 60-2
    C. elegans 46, 142-3, 152-3
    C. erumpens 46
    C. metallica 46, 98-9
    C. microspadix 46
    C. seifrizii 46
Chamaerops humilis 80-1
cheflera-pequena 92-3
    anã 100-1
Chlorophytum 52, 54, 63
    C. amaniense 59
    C. comosum 57, 118-9, 126-7
Chrysanthemum 53, 55, 160-1
    C. morifolium 49
cítricas anãs 100-1
clívia 43, 55, 61
clorofito 52, 118-9, 126-7, 152-3

171

Coccoloba 63, 65
   C. uvifera 80-1
cochonilhas 40, 94, 110, 144, 168
Codaieum 132-3
Coleus 53, 55, 61, 108-9
   C. blumei 108-9
colheres-de-prata 144-5
colo da planta 12
columeia-peixinho 52
Columnea 54, 61
   C. banksii 52, 57
cometa, bromélia 162-3
comigo-ninguém-pode 38, 48, 102-3
como envasar 26-8
como plantar um arranjo em vaso 21-2, 29-30, 66
como podar 35
como projetar um jardim em vaso
   modelo 14-5
   visão geral 20-5
como propagar 37-8
confete 56, 82-3, 108-9
contraste 14, 25
copo-de-leite 43
coqueiro-de-vênus 45, 72-3
coração-roxo 52
cordas-de-banana 86-7, 90-1
cor-de-rosa, plantas
   bromélia 106-7
   crássula 86-7
   dracena 96-7
   estrela-da-terra 118-9
   planta-tapete 140-1
   planta mimética 86-7
   planta-mosaico 82-3
Cordyline 55, 63
   C. fruticosa 45, 58, 61, 72-3
correções 12, 26-7
corrente-de-moedas 120-1, 128-9
crássula 51, 55-6, 63-4, 86-7, 114-5, 122-3, 136-7
   C. marginalis rubra variegata 86-7
   C. muscosa 122-3
   C. muscosa pseudolycopodioides 84-5, 90-1
   C. perforata 51
cravo-do-mato 120-1
cremnosedum 150-1
crianças 18
cróton 132-3
Cryptanthus 1, 42, 56, 58-60, 82-3, 118-9, 154-5
   C. bivittatis 138-9
   C. bromelioides 84-5, 156-7
   C. zonatus 58, 96-7, 144-5
cufeia 74-5

cuidados com a planta 31-4
Cuphea 63, 74-5
Curcuma 63, 65, 108-9
Cyanotis somaliensis 52, 56-8
Cyclamen 53, 63
   C. persicum 49

D

Davallia 56, 61-2, 64, 72-3
   D. canariensis 156-7
   D. feejensis 46, 100-1
dedinho-de-moça-rubro 90-1,158-9
dedo-de-moça-rubro 51, 86-7, 150
Dendrobium parishii 128-9
Dieffenbachia 48, 55, 57, 60, 102-3
   verde-limão 106
Dischidia 52, 61, 63, 162-3
   D. nummularia 128-9
   D. nummularioides 120-1
dividir 37-8
doenças 41
dourada-da-flórida, dracena 88-9
dracena 11, 22-3, 25, 37-8, 44-5, 74, 88-9, 106-7, 112-3, 164-5
   D. deremensis 25, 44, 106-7, 112-3, 142-3
   D. fragrans 45
   D. fragrans lindenii 45, 112-3
   D. godsffiana 45
   D. marginata 22, 44, 96-7, 106-7, 118-9, 140-1
   D. sanderiana 45
dracena-dourada-da-flórida 88-9
dracena-rosa 96-7
dracena-tricolor 118-9
dragão-vermelho 84-5
drenagem 12
Dyckia 42, 51, 58, 64-5, 116-7

E

Echeveria 12, 23, 38, 51, 60, 64-5, 78-9, 86-7, 90-1, 104-5, 116-7, 136-7, 154-5
   E. agavoides 'Lipstick' 59
   E. elegans 58, 78-9
   E. glauca 144-5
Echinopsis 44, 65
enxertado, cacto 84-5
epífitas 26-8, 44, 52, 62, 76-7, 128-9, 130-1, 136-7, 162-3
Epilaeliocattleya 128-9
Epipremnum 48, 60, 62, 64
   E. aureum 47-8, 57, 59, 70-1, 134-5, 164-5
   E. pinnatum 57
Episcia 52, 54, 59, 61, 140-1, 164-5
   E. cupreata 58, 134-5
   rosa 140-1

erva-da-fortuna 90-1
erva-de-vidro 47
escamas 40
escova-de-garrafa 17, 49
espaço 19
espada-de-fogo 42
espata 12
espinha-de-peixe 48
esponjinha 49
estrela-da-terra 82-3, 84-5, 138-9, 154-5, 156-7
   preta 96-7, 144-5
   rosa 1, 118-9
Euphorbia 53, 55, 60, 63, 65, 84-5

F

falsa-arália 92-3, 100-1, 112-3
falsa-vinha 52
Fatshedera 55, 64
   F. lizei 110-1
Fatsia 64
   F. japonica 110-1
faucária 51, 56, 65
   F. tigrina 94-5
fibra de coco 26, 70, 84, 98, 100, 130
Ficus 13, 55, 57, 64
   F. benjamina 57-8, 100-1, 148-9
   F. carica 54
   F. decora 126-7, 134-5
   F. elastica 13, 22, 57-9
   F. lyrata 162-3
   F. pumila 54, 57, 102-3, 166-7
fícus-lira 162-3
figueira-benjamim 57, 100-1, 148-9
   unha-de-gato 102-3, 110-1, 166-7
figueira-benjamim 100-1, 148-9
filipina, violeta 160-1
filodendro 47-8, 126-7, 162-3
   brasil 47
   de folhas recortadas 47-8
   negro 96-7, 112-3
   P. bipinnatifidum 47-8
   P. hederaceum 47
   P. melanochrysum 88-9, 96-7, 112-3
Fittonia 12, 56, 61, 48, 82-3, 156-7
   F. argyroneura 58, 100-1, 102-3
flor-de-cera 52, 106-7, 162-3
flor-de-coral 74-5, 152-3
flor-de-maio 19, 44, 130-1, 136-7, 160-1
flor-de-maracujá 52
floríferas generosas 49
folhagem 12
formas anormais 44
fruta-milagrosa 100-1
fungus gnats 40

G

gastéria 50, 56-7, 63, 65, 94-5, 114-5, 146-7
   anã 94-5
   G. bicolor 50, 94-5
gengibre 48
   açafrão-da-terra 108-9
   concha 108-9
   concha-variegado 48
   ornamental 48
   pavão 48
grama-preta 148-9
   anã 92-3
Graptopetalum 51, 65
   G. paraguayense 58, 104-5, 144-5, 154-5
Graptosedum 104-5, 116-7, 154-5
Graptoveria 86-7, 116-7
gravatá 162-3
gravatazinho 120
Guzmania 42, 62, 64, 128-9
Gymnocalycium 44, 65
   G. mihanovichii 59, 84-5

H

hábito (crescimento) 23
harmonia 15
Hatiora 44, 54, 56, 61-2
   H. gaertneri 130-1, 136-7
   H. salicornioides 122-3, 136-7
haworthia 50, 56, 57, 60, 63, 65, 90-1, 122-3, 150-1, 158-9
   H. attenuata 50, 94-5
   H. coarctata 150-1
   H. cooperi 50
   H. marumiana 90-1, 146-7
   H. obtusifolia 47, 94-5
   planta-zebra 50, 78-9, 94-5
Hedera 1, 54, 58
   H. canariensis 110-1
   H. helix 98-9, 110-1, 118-9, 148-9, 166-7
helicônia 55, 60-1, 64, 108-9
Hemigraphis 58, 61, 64, 82-3, 98-9, 112-3, 126-7
   H. exotica 96-7
hera 1, 19, 118-9
   da-argélia 110-1
   falsa-vinha 52
   inglesa 98-9, 110-1, 148-9, 166-7
   roxa ou vermelha 48, 72-3, 82-3, 96-7, 98-9, 112-3, 126-7
Hippeastrum 43, 64
hortelã 54, 168-9
   graúda 140-1
Howea 46, 55, 64
   H. forsteriana 152-3

Hoya 54, 60-3, 162-3
   H. carnosa 52, 106-7
Huernia schneideriana 56, 60, 63, 84-5
Hypoestes 56, 59, 61, 82-3, 108-9

I

inflorescência 12
inglesa, hera 98-9, 110-1, 148-9, 166-7
inspiração 20

J

jacinto 43
jacundá 98-9
japonesa, arália 110-1
jiboia 37, 106-7, 162-3
   dourada 48
   marmorizada 70-1
   prateada 48, 70-1, 88-9, 134-5, 142-3
   verde-limão 134-5, 164-5
judeu-errante 52, 112-3, 116-7, 144-5
Justicia brandegeana 49, 74-5

K

Kaempferia 48
Kalanchoe 65
   K. bracteata 144-5
   K. daigremontiana 116-7
   K. tomentosa 56-8, 104-5, 144-5
kentia, palmeira 152-3
Kokedama 28

L

lacerdinha 40, 98-9
lágrimas-de-rainha 42, 78-9, 104-5, 138-9
lança-de-são-jorge 94-5
Lantana 17, 49, 54, 56, 65
   L. camara 49, 80-1
   L. montevidensis 49, 80-1
   pendente 80-1
leitosas, epífitas 52
língua-de-vaca 50
lírio
   agapanto 43
   antúrio 12, 18, 156-7, 160-1, 102-3
   copo-de-leite 43
   da-paz 22, 31, 70-1, 98-9
   do-furacão 43
   do-vento 43
   sangu-salmão 43
lista de plantas por cores 57-9
Lithops 60, 65, 158-9
luz, necessidades das plantas 16-7, 50-1
   clara 63-5
   pouca 62
Lycoris 43

M

macarrão, cacto 37, 44, 52, 114-5, 126-7, 128-9, 130-1,152-3, 162-3
   coral 84-5, 130-1, 136-7
   garra-de-corvo 136-1
   lápis 136-7
madagascar, palmeira-de 144-5
mãe-de-milhares 116-7
Mammillaria 44, 56, 65
manjericão 168-9
Maranta 48, 61, 64, 98-9, 126-7
   cascavel 48, 52, 112-3, 134-5
   M. leuconeura 58, 70-1
   M. tricolor 48, 70-1, 96-7
marmorizada, jiboia 70-1
mediterrâneo, palmeira-do 80-1
melancia, peperômia 47
mergulhia aérea 38
mesa, samambaia de 45
metálica, palmeira 46, 98-9
ming, arália 92-3, 148-9
miniarranjos 56
minijardim bem-sucedido em recipientes rasos 10
moisés-no-berço 72-3
morango, begônia 52, 166-7
mosca-dos-fungos 40
mudas de folhas 38
mudas por corte de hastes 37
musgo de turfa 26-8, 100-1, 126-7
musgo esfagno 27-8
musgo-escocês 148-9
musgo-tapete 46, 62, 98-9, 100-1, 102-3, 148-9, 156-7
   dourado 102-3
musgo-tapete-dourado 102-3

N

Nandina domestica 64-5, 92-3
narciso 43
negro, filodendro 96-7, 112-3
Neoregelia 23, 42, 57-9, 62, 72-3, 76-7, 106-7, 140-1, 150-1
   N. spectablis 152-3
Nephrolepis 45, 61, 64, 74-5, 166-7
   N. biserrata 45, 72-3
   N. exaltata 57
ninho-de-ave, asplênio 45, 130-1
nó de folha 12
nomes de plantas 13

O

Ocimum × *citriodorum* 168-9
Ophiopogon japonicus 92-3, 148-9
orégano 168-9

Oreganum vulgare 168-9
orquídea 156-7, 160-1, 162-3
   bambu 128-9
   beijo-de-borboleta 128-9
   mariposa 128-9
orquídea, substrato para 26
Orthophytum 42
   O. saxicola 100-1
ouriço-do-mar 76-7, 78-9
Oxalis 65
   O. spiralis 104-5
   O. triangularis 104-5

P

Pachypodium 60, 65
   P. lamerei 144-5
Pachystachys lutea 49
palito-de-fósforo-listrada, bromélia 76-7
palmeira 38, 46
   bambu 16, 46
   de-madagascar 144-5
   kentia 152-3
   rápis 46, 152-3
   camedórea-elegante 46, 142-3, 152-3
   tamareira-de-jardim 80-1
   do-mediterrâneo 80-1
   metálica 46, 98-9
Passiflora 52
pau-d'água 45
pé-de-coelho, samambaia 72-3, 100-1, 156-7
pedra-viva 158-9
Pellaea rotundifolia 164-5
Pendentes, plantas 52
Penta lanceolata 49
Peperomia 1, 47, 54, 56-65, 82-3, 88-9, 96-7, 106-7, 118-9, 122-3, 150-1, 156-7, 162-3, 164-5
   P. caperata 47, 82-3, 118-9
   P. dolabriformis 150-1
   P. glabella 47, 164-5
   P. graveolens 47, 150-1
   P. obtusifolia 47
   P. rotundifolia 47
   P. scandens 164-5
   P. sandersii 47, 82-3
   pendente 162-3
   trepadeira 106-7, 126-7
   vermelha 47
periquito-gigante 132-3
perlita 27
Phalaenopsis 27, 62, 64, 128-9
Phoenix 80-1
Pilea 54, 56, 61, 64, 82-3, 96-7
pinheiro-de-buda 110-1

planta aérea 120-1, 136-7, 160-1
   cravo-do-mato 120-1
   crespa 120-1
   felpuda 120-1
planta mimética rosa 86-7
planta-alumínio 82-3, 96-7
planta-batom 52, 164-5
planta-fantasma 51, 144-5, 154-5
planta-jade Gollum 114-5, 122-3
planta-maraca 90-1
planta-mosaico 3, 48, 100-1, 102-3, 156-7, 160-1
   rosa 82-3
planta-panda 144-5
plantas caseiras arbustivas 55-6
plantas caseiras comestíveis 54
plantas caseiras estruturais 55
plantas caseiras pendentes 54
plantas caseiras temporárias 53
plantas caseiras trepadeiras 54
plantas fáceis 60
plantas grandes e frondosas 48-9
plantas mais difíceis 60
plantas rezadeiras 48, 70-1, 96-7, 98-9, 126-7
planta-tapete 52, 134-5, 142-3, 164-5
   rosa 140-1
planta-tapete-rosa 140-1
planta-zebra 50, 78, 94
planta-zebra hawortia 78-9, 94-5
Plectranthus 54, 56, 64
   P. amboinicus 57, 140-1
Podocarpus 56, 61, 64, 110-1
   P. macrophyllus 57
podridão 41
Poinsettia 53, 64
ponto focal 15
Portulaca 65
   P. molokiniensis 90-1, 122-3
Pothos 47-8
pragas 39-40
prateada, jiboia 48, 70-1, 88-9, 134-5, 142-3
prepare a área de trabalho 20
primavera, cacto-da 44, 130-1, 136-7
Pseudorhipsalis ramulosa 138-9
Pteris 45, 61
   P. ensiformis victoriae 74-5
Punica 54, 65
   P. granatum 100-1

R

rabo-de-burro 51, 150-1
rápis, palmeira 46, 152-3
Rebutia 44, 65
recipientes 27-8, 66
rega 33-4

plantas para regar menos no inverno 60
repetição 14
retenção de umidade 12, 26
Rhapis 46, 55
   R. excelsa 152-3
Rhipsalis 44, 52, 54, 56, 60, 62-4, 126-7, 162-3
   R. baccifera 128-9, 136-7
   R. cereuscula 84-5, 130-1, 136-7
   R. micrantha 130-1, 136-7
Rhoeodiscolor 72-3
romãzeira 100-1
rosário 78-9, 144-5
roseta 12
Rosmarinus officinalis 124-5
Russelia equisetiformis 74-5, 152-3

S

Sagina subulata 148-9
sálvia 168-9
samambaia 10, 18, 23, 36, 45-6, 48, 62
   americana 45
   asparago-pendente 148-9
   asplênio-ninho-de-ave 45, 130-1
   avenca 46, 72-3, 132-3
   botão 164-5
   como adubar 36
   crespa 166-7
   de mesa 45
   pé-de-coelho 72-3, 100-1, 156-7
   rabo-de-peixe 23, 72-3
   renda-portuguesa 46
   vitória 74-5
sansevíéria 38, 50, 114-5, 146-7
   em forma de roseta 50, 114-5, 146-7
   lança-de-são-jorge 94-5
Sansevieria 50, 55-6, 60, 62-3, 146-7
   S. 'Bantel's Sensation' 46-7
   S. cylindrica 50, 94-5
   S. trifasciata 57, 59,
   S. trifasciata 'Hahnii' 57, 114-5, 146-7
   S. trifasciata laurentii 50, 59
Saxifraga 52, 54, 56, 60, 64
   S. sarmentosa 'Tricolor' 57
   S. stolonifera 166-7
Schefflera 38, 55-6, 64, 162-3
   S. arboricola 92-3
   S. elegantissima 57-8, 100-1, 112-3
Schlumbergera 44, 62
   S. truncata 136-7
   S. x buckleyi 160-1
Scindapsus 48, 54, 60, 64
   S. pictus 48, 58, 88-9, 142-3
   S. pictus argyraeus 48

Sedum (sedo) 51, 54, 56, 58-9, 65, 78-9, 86-7, 136-7, 150-1, 154-5
  bastardo 154-5
  carpete-dourado 51
  ouriço-do-mar 76-7, 78-9
  sedo-ponto-dourado 150-1
  S. acre 51
  S. lineare 76-7, 78-9
  S. morganianum 51, 58, 150-1
  S. rubrotinctum 51, 59, 86-7, 90-1, 150-1, 158-9
  S. spurium 154-5
Selaginella 46, 54, 56, 60-2, 98-9, 100-1, 148-9, 156-7
  S. flabellate 156-7
  S. kraussiana 57, 102-3
  S. uncinata 74-5
sementes 38
Senecio 53-4, 56, 65
  S. radicans 90-1
  S. radicans glauca 86-7
  S. rowleyanus 78-9, 144-5
seringueira 13, 22, 126-7, 134-5
singônio 102-3, 140-1
soluções de problemas 39-41
sonho-de-beberrão 122-1, 136-7
Spathiphyllum 48-9, 64
  S. wallisii 70-1
Stromanthe 48, 64
  S. sanguina 48, 126-7
substratos 12, 26
suculentas 16-7, 23, 26-8, 30, 34, 36, 38, 44, 47, 50-1, 56, 60, 64

Syngonium 23
  S. podophyllum 102-3, 140-1
Synsepalum dulcificum 100-1

T

tamareira-de-jardim 80-1
temperatura 19
  plantas para invernos frios 61
termos técnicos de plantas 12
textura 14, 22
  incomum 56
Thymus 124-5
  T. vulgaris 124-5
Tillandsia 56, 60-2
  T. intermedia 120-1
  T. ionatha 58, 120-1, 136-7, 160-1
  T. stricta 120-1
  T. tectorum 120-1
  T. tenuifolia 120-1
  T. xerografica 58, 120-1
tomilho 124-5, 168-9
  francês 124-5
  limão 124-5
  rasteiro 124-5
tradescância 52
Tradescantia
  T. fluminensis 90-1
  T. pallida 52
  T. sillamontana 52
  T. zebrina 52, 112-3, 116-7, 144-5
translúcidas, folhas 47, 65, 94, 122, 150
trepadeira, peperômia 106-7
trepadeiras 52
tricolor, dracena 118-9

U

umidade do ar 18
  plantas que precisam de umidade 61, 63-5
unha-de-gato 102-3, 110-1, 166-7
unha-pintada 152-3
uva-da-praia 80-1

V

variegada 12
vaso-prateado, bromélia 42, 138-9
vasos 27-8, 66
ventilação 19
verde-limão, jiboia 134-5, 164-5
vermiculita 27
Viburno obovatum 92-3
violeta
  africana 36, 38, 156-7
  filipina 160-1
vírus 41
vitória, samambaia 74-5
Vriesea 42, 128-9
  V. carinata 162-3
  V. 'Komet' 162-3
  V. corcovadensis 120-1
  V. sucrei 88-9, 130-1
  V. vagans 138-9
  V. splendens 42

Z

zamioculca 114-5, 162-3
  Zamioculcas zamifolia 114-5, 162-3
Zephyranthes 43

CONHEÇA STEVE ASBELL

Quando criança, Steve Asbell amava a natureza e caçava lagartos no deserto de Mojave. Antes de se tornar um jardineiro apaixonado, foi um andarilho capaz de identificar quase todas as plantas das florestas.

Quando o lúpus que afligia sua mãe começou a privá-la da visão e da capacidade de andar, ele plantou um jardim no quintal dela na Flórida e iniciou um blog chamado The Rainforest Garden (O Jardim da Floresta Tropical) para compartilhar sua experiência encorajadora, assim como a alegria e a gratidão da mãe. Mesmo após ela falecer, Steve continuou a fazer jardins para os outros e cuida dos jardins exuberantes que plantou para os vizinhos.

O blog de Asbell ainda é fonte de inspiração para projetos de jardinagem do tipo "faça você mesmo", e ele vive do trabalho de escritor, blogueiro, ilustrador e fotógrafo freelance. Também ilustrador profissional, vê a jardinagem como uma forma natural de arte. Entre seus clientes estão Ferry-Morse (pacotes de sementes), Gardening Gone Wild e Plants Nouveau. Suas ilustrações foram publicadas no www.southernliving.com, e seus projetos ganharam destaque nos blogs Apartment Therapy e Mashable e na revista e blog *Mother Earth News*.

Steve acredita que, se estiver disposto a aprender, qualquer um pode ser artista ou jardineiro. Ele mora com a esposa, Jennifer, em Jacksonville, na Flórida. *Arranjos de plantas* é o primeiro livro de Steve, mas não o último.